中国社会科学院大学学术创新工程支持计划成果

普惠理念下的中国金融扶贫研究

PUHUI LINIAN XIA DE
ZHONGGUO JINRONG FUPIN YANJIU

孙 晓 ◎ 著

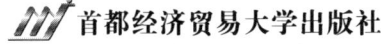
首都经济贸易大学出版社
Capital University of Economics and Business Press
·北京·

图书在版编目（CIP）数据

普惠理念下的中国金融扶贫研究/孙晓著. --北京：首都经济贸易大学出版社，2020.12

ISBN 978 - 7 - 5638 - 3167 - 8

Ⅰ.①普… Ⅱ.①孙… Ⅲ.①金融—扶贫—研究—中国 Ⅳ.①F832.3

中国版本图书馆 CIP 数据核字（2020）第 240399 号

普惠理念下的中国金融扶贫研究
孙　晓　著

责任编辑	陈　侃　晓　红
封面设计	砚祥志远·激光照排　TEL：010-65976003
出版发行	首都经济贸易大学出版社
地　　址	北京市朝阳区红庙（邮编 100026）
电　　话	（010）65976483　65065761　65071505（传真）
网　　址	http：//www.sjmcb.com
E- mail	publish@cueb.edu.cn
经　　销	全国新华书店
照　　排	北京砚祥志远激光照排技术有限公司
印　　刷	北京玺诚印务有限公司
成品尺寸	170 毫米×240 毫米　1/16
字　　数	194 千字
印　　张	13.25
版　　次	2020 年 12 月第 1 版　2020 年 12 月第 1 次印刷
书　　号	ISBN 978 - 7 - 5638 - 3167 - 8
定　　价	39.00 元

图书印装若有质量问题，本社负责调换
版权所有　侵权必究

序　言

党的十八大以来，以习近平同志为核心的党中央以前所未有的力度推进脱贫攻坚，明确了到 2020 年我国现行标准下农村贫困人口实现脱贫、贫困县全部摘帽、解决区域性整体贫困的目标任务。截止到 2019 年年底，我国贫困人口减至 551 万，贫困发生率由 2012 年的 10.2% 降至 0.6%，连续 7 年每年减贫 1 000 万人以上，扶贫成就举世瞩目。金融作为现代市场经济运行的核心，助力脱贫攻坚是金融业在我国经济社会发展新形势下不可推卸的历史责任。2015 年，中共中央、国务院发布的《关于打赢脱贫攻坚战的决定》对我国的扶贫工作进行了整体规划，明确提出要加大金融扶贫力度，强化金融对于扶贫工作的支撑作用。党的十九大明确把精准脱贫作为决胜全面建成小康社会必须打好的三大攻坚战之一，作出了新的部署。2018 年 6 月，中共中央、国务院发布《关于打赢脱贫攻坚战三年行动的指导意见》，提出到 2020 年脱贫攻坚战要实现的目标以及加大金融扶贫支持力度的具体措施。

本书作者正是在这样的现实背景和历史坐标中，全面梳理了我国金融扶贫政策的历史演进，系统总结了开展金融扶贫的主要方式，深入剖析了在金融扶贫实践中遇到的瓶颈与约束，结合普惠金融发展的国内外现状，寻找普惠金融与金融扶贫共同发力的渠道，最终从加强政策引导、激发主体活力、完善基础设施、借力金融科技、创新保险产品和服务、完善农村金融服务体系等方面提出了更好开展金融扶贫的政策建议。

2020年是脱贫攻坚的收官之年，脱贫攻坚任务完成之后，要继续发挥金融体系在"三农"领域的支撑作用，不仅有助于巩固脱贫攻坚的既有成果，更能够助推我国金融体系在农村地区的布局调整和创新改革。2020年3月6日，习近平总书记在决战决胜脱贫攻坚座谈会上强调："脱贫摘帽不是终点，而是新生活、新奋斗的起点。要继续推进全面脱贫与乡村振兴有效衔接，要有利于激发欠发达地区和农村低收入人口发展的内生动力，有利于实施精准帮扶，促进逐步实现共同富裕。"因此，在承前启后的特殊历史时期，如何进一步完善农村金融服务体系，如何实现金融扶贫与金融支持乡村振兴战略的有效衔接，仍然是一个需要重视的课题。

当前，我国农业农村发展持续向好的形势进一步巩固，相应地，农村金融服务需求也发生了重大变化：农村产业持续变迁，多元化农村产业融合发展成为主流；农业逐渐实现现代化与适度规模经营，各类新型农业经营主体不断涌现；城镇化的推进促使农民向市民转型等。以上变化均对农村金融服务组织体系、金融产品和服务方式创新提出了更高要求。另一方面，近年来我国金融科技发展迅速，有效缓解了传统金融服务模式在农村遇到的一些瓶颈与约束，但也带来一些问题和风险。如何处理好农村金融领域科技创新与风险防范的关系，也是新时代我们遇到的新问题。

本书对上述问题均有所涉及，希望读者能够从中获得有益的启迪。是为序。

国务院发展研究中心金融研究所原所长、研究员
张承惠

前　言

党的十八届五中全会提出，到2020年我国现行标准下农村贫困人口实现脱贫，贫困县全部摘帽，解决区域性整体贫困。党的十九大再次明确：精准脱贫是决胜全面建成小康社会必须打好的三大攻坚战之一。全面建成小康社会，一个不能少，共同富裕路上，一个不能掉队，是党对全国人民的庄严承诺；如何举全党全国全社会之力，消除贫困、逐步实现共同富裕，是对党和国家治理能力的巨大考验。

消除贫困是社会主义的本质要求，更是全人类为追求平等的生存及发展的不懈努力。作为最大的发展中国家，中国在反贫困领域取得了重大成果和有效经验，在全球反贫困领域扮演着越来越重要的角色。改革开放以来，我国在推动经济体制改革、社会全面发展的同时，启动了大规模的扶贫开发，到2019年年底，贫困发生率下降到0.6%（按照2010年标准测算），使7亿多农村贫困人口的绝对贫困问题基本得到解决，贫困地区基础设施明显改善，最低生活保障制度全面建立，经济社会发展程度显著提升，扶贫成就举世瞩目。

然而，经济的高速增长、改革的持续深入和扶贫实践的不断推进，使得我国的贫困特征发生了新的变化；相对贫困、多维贫困、动态贫困、长期贫困相互交织，新的问题和挑战不断出现，突出表现在贫困结构复杂多维，致贫原因多种多样，集中连片特殊困难地区发展滞后，剩下的贫困人口贫困程度较深、减贫成本更高、脱贫难度更大，相对贫困问题凸显，返贫现象时有发生。显然，仅仅依靠传统的思路和办法，无法应对这些问题，更无法确保如期打赢这场脱贫攻坚战。因此，必须根据贫困现状适时调整和优化扶贫政策，加大扶贫投入，创新扶贫方式，推动中国扶贫事业取得持续的进步。

推进脱贫攻坚，离不开要素的合理配置。金融作为现代市场经济的核心，具有强大的资源配置功能，有效引导金融资源充分参与和支持精准扶贫实践，将助力精准脱贫目标的如期实现。2015年，中共中央、国务院公布了《关于打赢脱贫攻坚战的决定》，作为我国当前扶贫工作的整体规划，明确提出要加大金融扶贫力度，强化金融对于扶贫工作的支撑作用。随后，金融系统相继出台了各类办法和意见，在改进和提升扶贫金融服务、增强扶贫金融服务的精准性和有效性方面做了大量的工作。究竟何为金融扶贫？如何开展金融扶贫？我国已采取过哪些金融扶贫方式，成效如何？既有的金融扶贫实践遇到了哪些突出问题和阻力？普惠金融体系的构建与金融扶贫有何关系？国际上开展金融支持反贫困战略有哪些可供借鉴的有效经验？对于更好开展金融扶贫有何创新性政策建议？针对以上问题，笔者将开展相关的文献分析、政策梳理、实地调研、案例研究、国内外经验比较，并提出有关政策建议。

本书从关于贫困的界定入手，分析致贫的主要原因，梳理总结主要的反贫困理论，为探讨金融扶贫进行基础的理论铺垫；之后，讨论并回顾了我国改革开放以来扶贫开发的主要历程，评价成效、总结经验，深入剖析开展金融扶贫的重要意义；从不同角度理解金融扶贫的多层次含义及金融作用于反贫困的主要机制，通过分析发展普惠金融与开展金融扶贫之间的关系，寻找两者共同发力的渠道；追溯中国金融扶贫的政策演变，归纳开展金融扶贫的主要方式，发现金融扶贫实践中存在的主要问题以及需处理好的几个关系；结合国内外的案例研究，总结有效经验，最终加强政府引导，健全法规配套，落实现行政策；构建多层次的金融机构体系，发展新型金融机构，激发各类主体活力；借力普惠金融发展，健全农村金融支付基础设施，构建信用体系，推行金融知识普及；加快金融科技发展和普及；创新保险扶贫形式，丰富保险产品和服务，健全风险补偿和农业担保机制，加强保险资金融资；最后，本书就完善农村金融体系、理顺沟通协调机制等方面提出关于中国更好开展金融扶贫的政策建议。

具体来看，全书共设六章，主要内容如下：

第一章为贫困与反贫困理论，通过梳理国内外学者关于贫困问题的认识过程以及反贫困战略的理论分析，界定本书语境下的贫困概念，阐发在既有理论基础上的启示和借鉴，从而为进一步阐释何为金融扶贫进行有效的理论铺垫。

第二章为中国反贫困的历史进程，全面回顾改革开放以来中国扶贫开发的主要历程，根据不同政策的实施阶段对有关金融扶贫的政策和实践进行梳理，总结过去数十年中国扶贫开发的做法和经验，分析当前中国加速推进反贫困进程的重要意义，为探索如何更好开展金融扶贫进行正确的历史定位。

第三章为金融扶贫及其与普惠金融的关系，从金融扶贫提出的历史渊源与现实背景入手，从宏观与微观、理论与实践等不同角度来探讨金融扶贫的多层次含义，研究金融扶贫的作用机制，分析两者之间的区别和联系，探索如何在普惠金融体系的构建过程中更好地开展扶贫工作等一系列问题。

第四章为金融扶贫的中国实践，系统梳理我国有关金融扶贫政策的历史演变，归纳目前采取的主要金融扶贫方式，剖析金融扶贫实践过程中存在的主要问题，围绕在金融扶贫过程中需处理好的几个关系，结合金融扶贫的典型案例，为我国金融扶贫的政策实施和实践推进提供新的思路。

第五章为国外金融反贫困实践的经验及启示，通过归纳梳理孟加拉国、印度尼西亚、巴西、墨西哥、肯尼亚等开展扶贫金融、普惠金融较有代表性的国家的经验，分析其发展规划和模式，总结有效经验，从而为我国当前开展金融扶贫实践提供有益借鉴。

第六章为关于更好发挥金融对于精准扶贫支持作用的政策建议，通过回顾我国扶贫开发以及开展金融扶贫的历史进程，针对金融扶贫工作开展中存在的农村金融法律法规配套缺失、政策落实不力、各参与主体间的沟通协调机制不通畅、农村金融基础设施薄弱、农村金融扶贫对象金融素养较低等问题，结合世界上其他国家开展普惠金融以及金融扶贫的有效经验，最终从协同和创新两大维度提出可行性的政策建议。在这里，协同，主要是政府与市场之间、不同市场主体之间、不同政策体系之间的协同；创新，既包括理念和思路的创新，也涵盖具体支持工具的创新。具体从加强政府引导、激发市场活力、借力普惠金融发展、依托金融科技、发展普惠保险、完善农村金融服务体系等方面提出可行性的发展建议。

对于中国金融扶贫的理论分析和实践探讨，作者主要围绕以下几个关键点进行了思考。

一是如何从不同的层面来阐释金融扶贫的内涵。从宏观与微观、理论与实践等不同角度来对金融扶贫加以审视，可以有不同的理解与认识。从理论层面来看，金融扶贫是金融功能在反贫困领域的体现和发挥，金融作为一种强大的资源配置手段，能够将金融资源配置到欠发达地区或低收入群体手中，发挥资金支持和融通作用，从而缓解影响贫困地区或低收入群体在发展中遇到的资金约束，达到缓解甚至消除贫困的有效作用，这是理解金融扶贫的基本出发点和最终落脚点。从政策层面来看，金融扶贫是如期实现攻坚脱贫目标的重要政策保障，这一系列支持政策涵盖财税、货币、信贷、监管等各个方面，旨在以此调动各级政府、各类金融机构、非政府组织、科技企业等不同主体积极参与、规范发展。从业务层面来看，金融扶贫是金融机构拓宽业务领域、丰富金融产品和服务的重要着力点和创新点。在金融市场日益激烈的竞争中，为薄弱环节和弱势群体提供金融服务已经成为金融机构业务的重要内容，金融机构能否主动拓宽业务领域，提供形式多样的产品和服务，关系到能否抢占竞争的先机。而且，在金融扶贫的过程中，金融机构通过与贫困人口之间的业务互动，可以建立起自身品牌的知名度和潜在优质客户的忠诚度。理解了何为金融扶贫，有助于理解开展金融扶贫的必要性和可行性。

二是如何实现开展金融扶贫与发展普惠金融共同发力。普惠金融是我国金融体系发展的一种全新理念，也是金融服务的更广阔格局。通过分析金融扶贫的多层次含义，结合普惠金融的概念和理论要点，可以发现两者在参与主体、服务对象和发展着力点方面的区别与联系。普惠金融与金融扶贫的服务对象有所差异，但高度一致；两者所依据力量的侧重不同，但均强调发挥合力；两者的最终目标不同，但在目标实现过程中的着力点相通。无论是金融扶贫还是普惠金融，都是国家金融体系的重要组成部分，两者的推进都有助于弥补由于金融供给结构失衡导致的需求缺口，实现金融资源的供求平衡。因此，应从两者的共性入手寻找发挥合力的渠道，普惠金融的加速发展不仅能够高效助推脱贫攻坚目标的实现，还可以为金融产品和服务的创新开辟更广阔的空间；而金融扶贫的顺利开展能够帮助贫困地区和贫困人口尽快脱贫，进而真正构建起惠及所有人群的普惠金融体系。当前，我国开展金融扶贫的重点就在于构建普惠的金融体系。以普惠的视角深入探索我国金融扶贫的理论与实践，既顺理成章，又具有重要的现实意义。

三是如何在开展金融扶贫过程中处理好几个重要关系。金融资源天生带有的逐利性、效率性与在农村开展金融服务呈现的高风险、高成本、低收益等特点，表现出了明显的相悖。因此，要顺利开展金融扶贫，首先就要处理好政府行为与市场机制之间的关系，利用好金融资源来参与反贫困实践，必须依靠政府的引导和协调作用；同时，政府又要做到不越位，通过合理的机制来调动起各类市场主体参与扶贫的自主性和积极性，不能过分扭曲市场激励，不能否认商业性金融机构的商业特性，从而保证金融扶贫的可持续性。其次，开展金融扶贫要准确识别财政与金融的区别与联系：两者都是助力实现扶贫目标的有效手段，但金融扶贫与财政扶贫却有诸多不同，基于两者的区别和联系，财政和金融需要分别做出政策安排，进而形成政策合力。最后，开展金融扶贫要理性认识金融机构追求商业利益与实现社会责任之间的关系；从金融机构的角度来看，金融扶贫是在一定的政策环境下金融机构基于社会责任而在资金使用区域和对象方面做出的特别调整和安排，金融机构开展金融扶贫应把握好实现企业利润与发挥社会效应之间的平衡，寻求一个合适的平衡点，既不过分苛求金融机构单纯追求社会效益，更不能唯利润是图而拒绝承担社会责任，要在金融机构财务可持续的前提下有序开展金融扶贫。

四是如何实现不同参与主体间的协同和创新。协同不仅表现在政府行为与市场机制之间，还表现在不同政策体系之间，即包括财税政策、金融政策、产业政策、监管政策之间的有效配合；不同市场主体之间，包括金融机构、类金融机构、科技公司之间，信贷与保险、债券与期货之间的协同发力。创新，既包括理念和思路的创新，也涵盖具体支持工具的创新。从理念角度讲，要从格局更为广阔的普惠的农村金融体系的构建层面来认识金融扶贫的重要意义；从依凭手段讲，就是要深挖金融科技的巨大潜力。近几年来，金融科技的迅猛发展推动金融行业向纵深发展，在拓展普惠金融范围、提升金融服务质量、降低经营成本、有效控制风险方面发挥了重要作用。未来，我国普惠金融发展仍然要依靠金融科技的持续推动，大数据、互联网、云计算、人工智能、移动互联等技术的应用发展和交叉融合，也势必会为普惠金融带来新的发展契机。

五是如何实现金融扶贫与乡村振兴战略的有效衔接。乡村振兴战略是我国当前"三农"工作的一个重要抓手。贫困地区乡村振兴的主要任务就是脱贫攻坚。贫困农村脱贫致富将为实现乡村振兴奠定必要的基础，而乡村振兴战略的全面实施将进一步巩固脱贫成果，最终实现农业强、农村美、农民富的美好愿景。因此，脱贫攻坚与乡村振兴体现了党和国家治理思路的承前启后。乡村振兴相关支持政策明确要优先向贫困地区倾斜，补齐基础设施、基本公共服务、产业融合发展等方面的短板，统筹衔接好脱贫攻坚与乡村振兴两大战略任务。从更长远的角度来看，开展金融扶贫就是要构建起完善的农村金融体系，改善长期存在的城乡金融服务"一条腿长、一条腿短"的局面。

遗憾的是，在实际的研究过程中，由于有关金融支持精准扶贫的部分统计数据不足，从而导致本文开展相关研究的基础信息不充分，如人民银行通过设立扶贫再贷款扩大信贷来源，降低贫困地区融资成本，但具体的再贷款规模、在不同地区的比例分配、具体到金融机构的承贷规模、比支农再贷款更优惠的利率水平等均没有准确的统计数据，因此无法准确测算再贷款的扶贫效率。针对这一问题，本文将从宏观层面上来对金融扶贫进行评价。

此外，受各方面条件的限制，作者对国内外开展金融扶贫的实践无法进行全面、深入的实地调研；对于国内实践的考察，只能覆盖部分地区；对于国外的考察，只能通过国外相关网站、有关报告以及文献资料等途径获取有关信息。因此，金融扶贫经验考察在全面性和客观性等方面存在一定局限。

目　录

第一章　贫困与反贫困理论 ······ 1
　一、关于贫困的界定 ······ 1
　二、导致贫困的原因分析 ······ 8
　三、主要的反贫困理论 ······ 12
　四、本章小结 ······ 33

第二章　中国反贫困的历史进程 ······ 34
　一、改革开放以来中国扶贫开发的主要历程 ······ 34
　二、中国扶贫开发实践的成效评价 ······ 39
　三、中国促进减贫的主要影响因素分析 ······ 43
　四、当前中国加速推进反贫困进程的重要意义 ······ 48
　五、本章小结 ······ 50

第三章　金融扶贫及其与普惠金融的关系 ······ 52
　一、金融扶贫提出的历史渊源与现实背景 ······ 53
　二、金融扶贫的多层次含义 ······ 54
　三、金融扶贫的作用机理 ······ 57
　三、金融扶贫与普惠金融的关系 ······ 64
　四、本章小结 ······ 66

第四章　金融扶贫的中国实践 …… 68
一、中国金融扶贫政策的历史演变 …… 68
二、中国实施金融扶贫的主要方式 …… 76
三、中国金融扶贫实践中存在的主要问题 …… 116
四、金融扶贫需要处理好的几个关系 …… 120
五、本章小结 …… 126

第五章　国外金融反贫困实践：经验及启示 …… 127
一、孟加拉国格莱珉银行金融扶贫实践 …… 127
二、印度尼西亚的普惠金融实践及其人民银行乡村信贷部 …… 131
三、巴西的普惠金融实践 …… 133
四、墨西哥的普惠金融实践 …… 134
五、肯尼亚的普惠金融创新 …… 136
六、本章小结 …… 137

第六章　关于更好发挥金融对于精准扶贫支持作用的政策建议 …… 140
一、加强政府引导，健全法规配套，抓好政策落实，推动金融精准扶贫规范开展 …… 141
二、构建多层次的金融机构体系，推动传统金融机构与新型金融组织发挥合力 …… 143
三、借力普惠金融发展，拓宽金融服务覆盖面，提高金融服务可得性 …… 147
四、加快推进金融科技的发展与普及 …… 153
五、创新保险产品和服务，扩大保险覆盖范围 …… 155
六、完善农村金融服务体系及其协调机制 …… 158
七、本章小结 …… 159

参考文献 …… 165

附录1：G20数字普惠金融高级原则 ………… 180
附录2：G20普惠金融指标体系 ………… 192
附录3：世界银行扶贫协商小组小额信贷基本原则 ………… 194

第一章 贫困与反贫困理论

贫困是人类社会面临的共同挑战，困扰着世界上的诸多国家和地区，成为影响国家和地区安全、稳定和发展的一个重要隐患。世界银行最新贫困统计表明，截止到2015年，全球每天生活费低于1.90美元的极端贫困人口仍有约7亿，约占世界人口的1/10。贫困问题的严重性引起了各国政府和各类国际组织及机构的广泛关注，并促使各界人士致力于贫困的缓解和消除。学者们针对贫困问题和不同形式的反贫困实践从不同的学科角度展开了相关研究。经济学家对贫困问题的关注和研究始于19世纪末，最初的关注焦点在于西方国家的城市贫困。第二次世界大战结束后，相关研究关注的焦点逐步转向了广大发展中国家的贫困问题。作为经济学领域的一个重要研究问题，从马尔萨斯为代表的古典经济学到发展经济学、福利经济学，学界对贫困的内涵从单维认知扩展至多维角度，从收入贫困延伸到能力贫困、权利贫困和发展贫困，并形成了不同的反贫困理论。本章将从界定贫困的概念入手，分析主要的致贫原因，梳理有关反贫困的理论，总结在既有理论基础上获得的启示，为进一步阐释金融扶贫进行有效的理论铺垫。

一、关于贫困的界定

国内外学者从不同角度对贫困问题进行了深入的探讨，关于贫困的定义经历了从单维视角向多维视角的转变。单维视角的贫困定义局限于关注贫困群体的基本物质生活需要，多维视角的贫困定义则关注物质、文化和社会发展等多个方面的不发达状态。

（一）绝对贫困与相对贫困

1901年，英国学者朗特里（S. Rowntree）在其出版的《贫困：城镇生活的研究》（*Poverty: A Study of Town Life*）中指出："一个家庭处于贫困状态是因为它所拥有的收入不足以维持其生理上的需要"①。这是关于绝对贫困概念的最早阐述。何为最低生理上的需要？如何确定一个家庭的收入是否能够维持其家庭成员最低生理上的需要？围绕这两个问题，朗特里对当时英国一般家庭的最低生理上的需要进行了评估，较准确地计算出社会存在的贫困人口规模，这实际上为贫困的经验研究开创了一个新的方向，也被认为是最早关于绝对贫困线的研究。

后来，有研究者指出这一概念界定过于狭窄，因为从长期来看，除了满足生理上的需要，还必须考虑其他方面的需要。联合国开发署和国际劳工组织把贫困与"人的基本需要"（basic human needs）联系起来，认为"人的基本需要"至少应包括基本生理需要（食物、衣着、住房和医疗等）和基本文化需要（教育和娱乐等）。现实中，基本需要的范围在逐渐扩大，标准在不断提高。随着基本需要范围的扩大和标准的提高，维持和满足基本需要所要求的收入，即绝对贫困线也在不断提高。从这个意义上讲，绝对贫困线也不是绝对的。

20世纪60年代，美国斯坦福大学经济系教授维克多·法克思（Victor Fuchs）最早提出了相对贫困的概念，即贫困是一种不同人相对

---

① BENJAMIN S. Poverty: A Study of Town Life [M]. London: Macmillan, 1901: 103.

收入或生活水平之间的比较。他还设计并使用相对贫困线，即全国人口收入分布中值的50%，对美国的贫困问题进行了估计。这种设定相对贫困线的方法被后来的学者所沿用，不同的是有人使用的是均值而非中值，有人使用的是中值（或均值）的40%而非50%。无论是何种方法，其所基于的相对贫困概念是一致的。

英国学者唐森德（P. Townsend）对相对贫困概念进行了更加深入的阐述，认为贫困是社会上部分人的收入远远低于社会平均收入水平的一种生存状态。只要存在着收入差距，低收入阶层就永远存在，从这个角度来理解贫困，现实中的贫困只能缓解，难以消除。如此一来，贫困不仅与社会经济发展水平有关，而且与收入差距有关。此外，他还将贫困划分为维持生存、基本需求和相对遗憾三个层次。维持生存是指其收入仅仅能够维持体能的最低限度的生活必需品需求。基本需求主要包括个人消费的最低需求（食物、衣着、住房以及某些家具和设备）和公共服务（清洁的饮水、卫生的环境、公共交通以及保健、教育和文化设施）。相对遗憾则是人们对社会生活的某些条件或环境认为应得到而未得到的一种心理感受。唐森德对相对贫困的界定和三个层次的划分给予人们理解贫困以很大的启示。

我国对贫困的界定主要是从绝对贫困的角度，即"在一定社会生活和生产方式下，个人和家庭依靠劳动所得和其他合法收入不能维持其最基本的生存需要，生活不得温饱，劳动力的再生产难以维持"[①]。对贫困的测量、统计，反贫困对策的实施，均通过设定绝对贫困线来对贫困群体进行划分，一个人只要能够满足最低生理需要，就被划定为非贫

---

① 国家统计局. 中国农村贫困监测报告（2010）[M]. 北京：中国统计出版社，2010：2.

困人口。这对于特定历史条件下准确识别极端贫困人口、最大限度地利用有限资源缓解最底层群体的基本生存问题具有重要意义。

近几年来,随着经济社会的持续发展、物质基础的不断夯实和扶贫实践的深入创新,我国在具体的扶贫实践中更加强调相对贫困的概念。概括来讲,相对贫困是指在基本生存需求得到满足后,与其他社会成员相比或维持当时社会通行的某种生活标准而言的一种相对缺乏或不足的状态,其标准也随着经济的发展、收入水平的提高以及社会环境的变化而变化。在现实操作中,我国根据不同发展时期的国情、社情、民情,适时调整贫困认定的标准,扩大基本需求的涵盖范围,从总体上通过基础设施建设、基本公共服务供给、特殊政策扶持等提高公众(尤其是生活困难群体)对于基本需求的满足程度。

(二)收入贫困与非收入贫困

传统上所指的贫困通常是收入贫困,即家庭或个人的货币收入处于较低水平,无法维持基本的生存需要。随着人们对贫困认识的深化,贫困不仅仅局限于收入贫困,更广泛意义上是指非收入贫困,主要包括能力贫困、权利贫困、发展贫困等。

20世纪70年代,唐森德在对发达国家出现的"新贫困"问题研究中发现:贫困是一个被侵占、被剥夺的过程,在这一过程中,人们逐渐地被排斥在社会生活主流之外。在被剥夺概念的基础上,阿玛蒂亚·森(Amartya Sen)于20世纪80年代先后提出了能力贫困、权利贫困概念。

在森看来,应该改变传统上使用个人收入作为衡量贫富的标准,而引入能力的参数来测度人们的生活质量,因为能力是个人福祉的保障。"能力是由一系列功能构成的,包括免于饥饿的功能,免于疾病的功能，接受教育的功能，等等"①。这些功能的丧失，既是贫困的表现，又是贫困产生的根源。

能力贫困突破了传统上将贫困等同于收入低下的狭隘界限，使人们认识到解决贫困的根本之道是个人能力的提升。但是，在现实中，很多贫困人群并不缺乏必要能力，而是缺乏发挥能力的权利和机会。权利不足致使机会有限，机会有限影响了发展的途径，并最终导致贫困。能力贫困学说只强调了主观能力，却忽视了客观机会。因此，森在能力贫困的基础上又提出了权利贫困的概念，利用"权利方法"分析了贫困产生的更深层次原因。以分析饥饿为例，森指出："饥饿是指一些人未能得到足够的食物，而非现实世界中不存在足够的食物。"② 这说明饥饿实质上是人与某种物品所有权之间的关系。

贫困的权利学说提出后被一些国际组织和越来越多的研究者所认同，并在能力贫困、权利贫困学说基础上，演化出发展贫困学说。联合国开发计划署（UNDP）在《1997年人类发展报告》中指出：除了缺乏物质必需品外，贫困还意味着不能得到对于人类发展来说最基本的机会和选择，过稳定、健康、有创造性的生活，达到体面的生活标准，有尊严、满足自尊并受到他人的尊重以及得到人们在生活中重要的东西。这一贫困界定不仅包括人均国民收入的因素，还囊括了生活质量、基本权利、发展机会等有关人的发展的多个方面，更加全面地反映贫困群体的经济水准和生存状况。

（三）其他角度

根据现实国情、地情等实际，我国学者蔡昉（2003）将中国贫困

---

① 森.以自由看待发展[M].于真，译.北京：中国人民大学出版社，2002：25.
② 森.贫困与饥荒：论权利与剥夺[M].王宇，王文玉，译.北京：商务印书馆，2017：1.

分为整体贫困、边缘化贫困和冲击型贫困。改革开放以前，我国人民生活水平普遍较低，特别是农村地区，基本温饱无法得到保障，处于整体贫困状态。由于自然、历史、经济和社会政策等方面的原因，集中发生在一些处于发展弱势的"老、少、边、穷"地区的贫困则属于边缘化贫困。由于外部经济或是由于本国经济体制转轨和经济结构调整，对既有的经济秩序产生冲击，影响经济增长的安全性和社会发展的稳定性，从而造成适应能力弱的人群陷入贫困，这属于冲击型贫困。以上各类贫困主要表现为我国农村地区的贫困问题。

综上可见，贫困是指在特定的历史背景和地域范围内，部分群体的生存状态较差，无法满足基本生存的各方面需求，从而影响其自身发展和未来的一种状态。

首先，贫困是对一种生存状态的描述，这一描述没有固定的界限。提及贫困，人们首先会联想到缺衣少食、饥寒交迫，这是对绝对贫困现象的基本描述；然而在现实中，人们在解决基本温饱之后，教育、医疗、住房等需求得不到满足，往往也是贫困的表现。提及反贫困，通常有减缓贫困、消除贫困、扶贫等不同表述，这其中体现了制度环境、文化背景和政策实施的差异。在具体的实践中，为了提高反贫困的针对性和有效性，人们通常会设定一个标准，即贫困线，将生活在贫困线以下的人群锁定为目标人群，进而开展具体的帮扶计划和措施。这种划定标准的办法在切实解决了贫困群体基本生存问题的同时往往出现了另一个问题：在贫困线以上徘徊也没有被划入帮扶范围，但生存状态却很困难的群体难道就不需要帮扶了吗？由此可见，对贫困做出一个严格的界定是困难的。

其次，贫困是一个随着时间和空间的变化而变化的动态概念，其中包含着政治、经济、文化、历史、地理等诸多因素的影响。不同的制度和文化背景下，对人民福祉、社会福利、公平和效率的不同认识，往往导致对贫困问题的重视程度有所差异；不同的生产力发展水平和经济社会状况下，人民的实际生活水平参差不齐，政府和社会对反贫困政策的实施和落实会有不同的承受能力。随着经济的发展、社会的进步和人类文明程度的提高，人们对贫困的认识不断扩展和深化，反贫困战略的实施更加全面和广泛，基本需要的范围在扩大、标准在提高，即绝对贫困线在不断提高。

（四）本书关于贫困的界定

本书是在"精准扶贫、精准脱贫"的背景下探讨我国金融扶贫的，重点探索如何发挥金融在打赢这场脱贫攻坚战中的助力作用。党的十八届五中全会明确提出了到 2020 年打赢这场脱贫攻坚战的目标，开展精准扶贫、精准脱贫，精准识别贫困群体是工作的第一步。因此，本书所指的贫困主要是绝对贫困，即在我国现行农村贫困标准（2010 年价格水平每人每年 2 300 元）下的建档立卡贫困户和贫困人口。

然而，在具体的实施当中，我国的现行金融扶贫政策也惠及了未纳入该扶贫范围的广大低收入群体，尤其是在普惠金融体系的构建过程中，通过基本金融服务的普及、金融服务基础设施的建设等，更广泛的群体从中得到了政策的实惠。此外，在具体目标的设定中，提出要稳定实现农村贫困人口"两不愁"（不愁吃、不愁穿）和"三保障"（义务教育、基本医疗和住房安全有保障），这说明我国扶贫工作的发展趋势是更多关注贫困群体的生存权利和发展能力问题。

从地域上看，金融扶贫的主要支持对象分布在广大的农村地区。由于长期存在的城乡二元结构，我国的贫困问题又分为城市贫困和农村贫困,并通过差异化的扶贫政策来分别扶持。城市贫困问题的解决主要依靠基本社会保障政策,而随着我国经济社会的发展、城市福利体系的完善,城市贫困问题基本得到解决。我国脱贫攻坚的最艰巨任务在农村,各项扶贫政策的实施对象主要是农村贫困群体,截止到2019年年底,仍有551万贫困人口分布在广大农村地区。从这个意义上讲,本书探讨的主要是农村贫困问题。

二、导致贫困的原因分析

导致贫困的原因是多方面的,除了经济发展水平、自然地理条件,家庭状况、人力资本条件、公共政策、收入分配制度等各个方面的因素,都有可能对贫困的发生产生影响。在不同的国家和地区,在不同的历史时期和社会条件下,各种影响因素也会扮演不同的角色。因此,对致贫原因的分析是一个综合分析的过程。

(一) 自然条件约束

自然资源禀赋的劣势加大了贫困发生的可能性。如有些地区干旱缺水、土地贫瘠、气象灾害多发等,农业发展缺少基本的条件,而农业发展对自然条件的依赖程度又相对较高;有些偏远山区,自然条件复杂,交通不便,对外联系困难,致富途径受阻。自然条件恶劣的地区往往呈现整体贫困,贫困发生率明显高于自然条件优越的地区。比如,我国西部地区的自然条件明显差于东部地区,因此,其贫困人口规模及贫困发生率明显高于东部地区(详见表1-1)。对于部分地区可以通过改善当地的生存环境来缓解贫困;而对于自然条件极端恶劣地区,基础设施建设的成本极高,采取易地搬迁方式来改善生存环境的办法更为可行。

表1-1 2010—2017年分地区农村贫困人口情况

年份	贫困人口规模（万人）			贫困发生率（%）		
	东部	中部	西部	东部	中部	西部
2010年	2 587	5 551	8 429	7.4	17.2	29.2
2011年	1 655	4 238	6 345	4.7	13.1	21.9
2012年	1 367	3 446	5 086	3.9	10.6	17.5
2013年	1 171	2 869	4 209	3.3	8.8	14.5
2014年	956	2 461	3 600	2.7	7.5	12.4
2015年	653	2 007	2 914	1.8	6.2	10.0
2016年	490	1 594	2 251	1.4	4.9	7.8
2017年	300	1 112	1 634	0.8	3.4	5.6

数据来源：国家统计局住户调查办公室. 中国农村贫困监测报告（2018）[M]. 北京：中国统计出版社，2018：10.

（二）家庭因素约束

贫困往往是以家庭为单位而发生的，通常是由于不能获得足够的生产要素（主要包括劳动力、实物资本、金融资本等）而导致。由于家庭生活资料的共享性，一个家庭成员受到伤病或灾难的冲击会导致整个家庭陷入贫困；加之贫困的代际传递性，家庭贫困会影响家庭成员的未来发展，因此会提高贫困发生的概率，加剧贫困的程度。

（三）人力资本约束

人力资本匮乏是阻碍脱贫的一个重要因素，主要包括教育、健康、技能等方面的因素。我国农村贫困人口受教育程度普遍较低，较低的教育水平使他们缺乏掌握先进生产技术的能力，如良种应用等方面的先进农业技术；还限制了他们获得就业乃至更高收入的机会，阻碍了农村劳动力向非农产业和城市的转移。人力资本的缺乏不仅影响了当代人的生存状况，还容易传递到下一代的教育，贫困家庭由于沉重的生活负担，在子女教育投资方面也往往受到约束,人力资本的提升受到阻碍,导致摆脱贫困的难度加大。

以2017年为例,我国贫困发生率与户主受教育程度高度相关。户主受教育程度为文盲的群体的贫困发生率为6.7%,户主受教育程度为小学的群体的贫困发生率为4.7%,户主受教育程度为初中的群体的贫困发生率为2.5%,户主受教育程度为高中及以上的群体的贫困发生率为1.4%(见图1-1)。由此可见,受教育程度越高,家庭贫困发生率越低,即贫困发生的可能性越小。

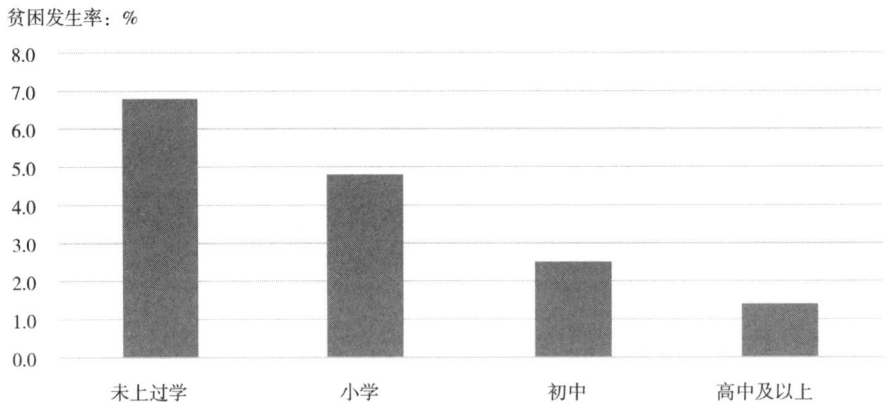

图1-1 2017年按户主受教育程度分组的农村贫困发生率

数据来源:国家统计局住户调查办公室. 中国农村贫困监测报告(2018)[M]. 北京:中国统计出版社,2018:12.

健康水平是人力资本的另一项重要组成部分。有关调查和统计数据表明,由于疾病、残疾以及年老等原因而丧失劳动能力是致贫的一个重要原因。2006年,在我国东部地区5省市11个贫困村进行的523户农村居民的随机抽样调查中,家中有病人和残疾人的家庭,合计占全部调查样本户的36%。而在样本中的绝对贫困户(按人均纯收入低于683

元计）中，上述这类家庭则占到了49%。这说明健康水平是影响贫困发生的一个重要因素。实际上，当前我国较为发达地区所出现的贫困多为因病、因残致贫。

（四）公共服务约束

在现实中存在着这样一部分群体，由于他们在教育、医疗等方面为维持自身生存和能力发展的成本过高，严重压缩了其基本生活支出，处于实际的贫困状态中，但他们无论按照人均收入还是按照人均消费水平衡量，都未被列入贫困人口。由此可见，包括教育、医疗等在内的公共服务的短缺是导致贫困的又一个重要因素。长期以来，中国采用的农村贫困线，是一个以维持最低食品生存需要为基本考虑、适当兼顾其他基本消费需要而制定的贫困线。这个贫困线虽然每年根据消费价格指数进行调整，但并未针对教育、医疗等费用支出的大幅度攀升、生活必需品支出急剧增加对低收入农民的影响而做出充分的相应调整，结果致使一部分贫困线以上的农村家庭陷入贫困。

2006年，中国发展基金会委托农业部农村固定观测点办公室和勺海市场调查公司对15省（区、市）72村（以贫困村为主）的4 000农户进行了一项调查，旨在了解当前农民面临的主要经济困难。结果显示，看病上学困难、日常花销困难、买农药化肥困难、投资经营困难等成为主要困难所在，而吃穿有困难的比例则大大降低（见表1-2）。

表1-2　当前农民面临的主要经济困难

	生存贫困线下农户	发展贫困线下农户	非贫困户	合计
收入区间（元）	0~683	683~1 147	>1 147	
哪些方面有困难（占有困难农户比重）				

续表

	生存贫困线下农户	发展贫困线下农户	非贫困户	合计
看病上学困难（%）	66.0	59.2	60.3	60.9
日常花销困难（%）	65.4	68.8	51.6	55.7
买农药化肥困难（%）	59.9	58.0	39.8	44.9
投资经营困难（%）	37.5	46.2	58.0	53.7
吃穿困难（%）	31.4	21.6	7.0	12.2
有困难农户合计占有效样本数（%）	94.0	90.7	61.8	67.8
"都不困难"农户占有效样本数（%）	6.0	9.3	38.2	32.2
有效样本数（%）	332	367	2 869	3 568

注：本表是对如下问题的回答："您家在下面这些方面有经济困难吗？"回答包括6个选项，允许多项选择。

数据来源：中国发展研究基金会．在发展中消除贫困：中国发展报告（2007）[M]．北京：中国发展出版社，2007：25.

三、主要的反贫困理论

（一）贫困原因的基本理论阐释

1. 纳克斯的"贫困恶性循环"理论

1953年，哥伦比亚大学的拉格纳·纳克斯（Ragnar Nurkse）在《不发达国家的资本形成》一书中系统考察了发展中国家的贫困，探讨了贫困的根源和脱贫的途径，并提出了著名的"贫困恶性循环"理论，这是发展经济学关于贫困研究的早期尝试。

纳克斯将发展中国家的贫困问题归结为宏观经济发展中的"贫困恶性循环"。从供给方面看，发展中国家人均收入低，低收入引起的低储蓄能力造成资本形成不足，致使劳动生产率难以提高，低收入继续存在，如此周而复始，形成一个恶性循环；从需求方面看，发展中国家人均收入低，低收入引起的低购买力造成投资引诱不足，从而导致生产率难以提高，低收入持续存在并形成另一个恶性循环。这两个循环之间互相影响，使发展中国家经济增长困难，且长期徘徊在封闭的贫困之中（见图1-2）。

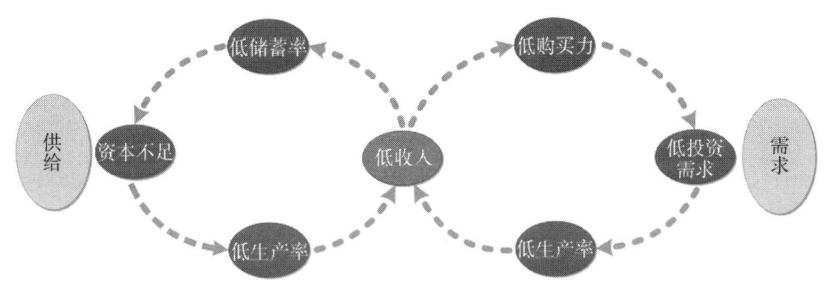

图1-2 纳克斯的"贫困恶性循环"

因此，发展中国家贫困的根源在于资本形成不足，打破恶性循环的一个重要突破就是增加储蓄，扩大投资，促进资本形成，支持技术进步和发展，推动经济增长，提高国民收入，从而为摆脱贫困奠定必要的物质前提。

2. 纳尔逊的"低水平均衡陷阱"理论

美国经济学家纳尔逊（R. R. Nelson）在1956年发表的《不发达国家的一种低水平均衡陷阱理论》中，提出了"低水平均衡陷阱"理论，认为发展中国家的经济表现为人均收入处于维持生命的低水平均衡状态，只要人均收入低于人均收入的理论值，收入的增长就会被更快的人口增长所抵消。因此，在一个最低收入水平增长率与人口增长率相等的人均收入水平之间，存在一个"低水平均衡陷阱"。

纳尔逊从多方面探讨了发展中国家贫困的原因，资本稀缺、人口增长过快等阻碍了一国经济的持续、快速增长,他强调发展中国家进行大规模资本投资对摆脱"低水平均衡陷阱"的决定性作用,只有投资和产出的增长超过人口增长,人均收入才能超过收入的理论值。这对于研究发展中国家的贫困问题,寻找实现经济发展的有效途径具有很大的启发意义。

3. 莱宾斯坦的"临界最小努力"理论

基于前者的理论研究,美国经济学家哈维·莱宾斯坦(Harvey Leibenstein)于1957年提出了经济发展的临界最小努力理论。他认为,发展中国家长期处于低收入水平的循环中,主要是因为经济增长过程中存在着提高收入和压低收入两种力量。当收入水平超过人口增长速度时,提高收入的力量大于压低收入的力量,人均收入水平才会大幅提高。发展中国家的现实是压低收入的力量往往大于提高收入的力量,收入增长滞后于人口增长,从而导致人均收入难以打破低水平的均衡。因此,发展中国家要打破低收入与贫困之间的恶性循环,首先要保证足够高的投资率,使人均收入增长超过人口增长,从而使人均收入水平得到明显提高,这个投资率水平即"临界最小努力"。

以上三种理论均从发展经济学的视角探讨了发展中国家致贫的原因,并强调资本形成对于发展中国家摆脱贫困的重要性。但贫困问题是一个复杂的综合性问题,解决贫困问题是一项系统性的工程,涉及自然、历史、文化、政治、经济、社会等各方面因素。促进资本形成提供了发展经济、摆脱贫困的一个重要视角,但不能囿于其中,甚至将其视作摆脱贫困的决定性因素。

4. 阿玛蒂亚·森的权利贫困理论

阿玛蒂亚·森对于贫困问题的研究兴趣始于他在幼年时期亲身经历

的 1943 年孟加拉大饥荒，也因其在福利经济学、社会选择理论、发展经济学等方面的突出贡献而在 1998 年获得诺贝尔经济学奖。

森在 1981 年出版的《贫困与饥荒：论权利与剥夺》中，对 1940 年以来发生的数起饥荒进行研究发现，饥荒的发生以及由此带来的人口损失并非由于粮食的短缺，而是由失业率上升、工资下跌、粮食价格飙升及粮食分配机制不合理等社会经济因素造成的，要想弄清饥荒的形成机制，必须分析不同的社会经济因素如何影响不同的社会经济群体。

森利用"权利方法"分析了贫困产生的深层次原因，指出一个人避免饥饿的能力依赖于他的所有权，以及他所面对的交换权利映射，这是森关于权利贫困的核心观点。森认为，在市场经济中存在四种典型的权利关系：一是以贸易为基础的权利（trade-based entitlement），即可以将自己的物品与他人进行交换的权利；二是以生产为基础的权利（production-based entitlement），即可以把自己所拥有的资源或是通过雇佣得到的生产要素用于生产的权利；三是自己劳动的权利（own-labor entitlement），即可以将自己的劳动力用于生产或是被他人雇佣的权利；四是继承和转移的权利（inheritance and transfer entitlement），即可以继承财产或接受他人赠予的权利。一个人可以将自己拥有的商品转换为其他商品，转换中能够获得的各种商品所构成的集合是这个人所拥有商品的"交换权利"。显然，这种交换权以所有权为前提，一个人首先拥有一个"所有权集合"，然后拥有一个"交换权利集合"，森便将这种"所有权集合"与"交换权利集合"间的对应关系称为"交换权利映射"，简写为"E—映射"。

在著作《以自由看待发展》中，森系统地阐释了可行能力被剥夺的观点。所谓可行能力是指一个人拥有的去享受自己所珍视的那种生活的自由。贫困意味着这种可行能力被剥夺或缺失，从而无法享有正常的生活。森的可行能力分析视角启示人们，尤其是政策制定者，对于贫困的界定和识别不应单纯依赖收入指标，还应综合考虑健康、教育等因素；相应地，贫困问题的解决不能简单地给予物质支持，而应通过积极的政府行为与公共政策让贫困群体真正获得发展的能力与机会，这样才能获得持续的能力提升和收入增加。

森一再强调，饥荒出现的时候，需要政府积极发挥职能，在运转正常的民主制度下面，饥荒是不会发生的，即使是最贫穷的国家，只要政府采取了得当的干预措施，也能避免大范围饥荒的发生。森强调自由、平等与权利，又关怀贫穷、饥荒及人自身的发展，被尊为"经济学的专业良心"。

（二）反贫困战略的主要模型

1. 经济增长的"涓滴效应"反贫困理论

第二次世界大战后，贫困问题研究的焦点发生了很大的变化，逐渐从西方发达资本主义国家的反贫困战略转向发展中国家的反贫困问题。许多西方经济学家特别是发展经济学家为缓解发展中国家的贫困开出了不同的"药方"。但总的来说，战后相当长一段时间内，在指导广大发展中国家的反贫困实践中居于主导地位的理论主要是"涓滴效应"反贫困理论。

"涓滴效应"，最初是由美国发展经济学家赫希曼（Albert Otto Hirschman）在《不发达国家中的投资政策与"二元性"》中提出的，他认为从长期来看，经济发展较快地区可以通过给相对落后地区带来投资、就业等发展机会的方式，实现不同区域经济发展之间差距的缩小，形成"涓滴效应"。延伸至贫困领域，即"在经济发展过程中并不给予贫困阶层、弱势群体或贫困地区特别的优待，而是由优先发展起来的群体或地区通过消费、就业、投资等方式惠及贫困阶层或地区，带动其发展和富裕"。其中主要包含三层含义：经济增长是一个国家摆脱落后状态的最重要推动因素；在一定时期内，效率与公平不相容，应把效率放在首位，促进经济增长，否则，就会影响资本积累和经济增长潜力；贫困在经济增长中会自行缓解和消除，不需要社会政策的干预。

该理论关于"市场经济的发展能够自动缓解和消除贫困"的观点，可追溯于新古典主义者有关"经济发展过程中收入分配将自动改进"的论述，实质上反映的是反贫困实践中市场机制与政府行为的关系，其观点难免带有一定局限性。贫困首先表现为物质和收入的匮乏，经济增长为贫困的减缓积累了必要的实力，成为实现减贫的强大动力；但是，经济增长并不必然带来贫困的减缓和消除，经济增长对贫困的影响程度取决于经济增长的成果能否实现社会范围内的共享。如果贫困人口从经济增长中获得足够的收入份额，其人均收入水平的增长高于社会平均收入的增长，减贫幅度就会扩大；反之，社会的贫困程度就会加重。因此，反贫困目标的实现不能仅仅依靠市场机制，更需要政府的必要干预和引导，通过科学的宏观政策调节和微观制度安排来纠正贫富差距继续拉大的发展方向。只有有利于穷人的增长发生时，才能实现缓解贫困的社会目标。

2. 金融发展理论

金融发展理论是随着发展经济学的产生而产生的，是经济发展理论和货币金融理论的交汇融合。在 20 世纪 40 年代末至 60 年代初，处于发展初期的发展经济学并没有对金融问题进行专门研究，金融发展仅被看作是工业化和资本积累的工具，并未得到发展经济学家的重视。第二次世界大战结束后，各国不同程度地面临储蓄不足、资金短缺、金融发展滞后和金融体系低效运行等问题，严重抑制了经济发展速度和水平。20世纪60年代末至70年代初，一些西方经济学家开始关注金融与经济发展的关系问题，以格利（J. G. Gurley）和肖（E. S. Shaw）分别发表的《经济发展中的金融方面》和《金融中介机构与储蓄投资》两篇论文为代表，标志着金融发展理论的萌芽。此后，有更多的经济学家开始关注和研究金融在经济发展中的作用。

(1) 金融深化理论

1973年，美国经济学者罗纳德·麦金农（Ronald Mckinnon）的《经济发展中的货币与资本》和肖的《经济发展中的金融深化》出版，这两部著作共同构成了金融深化理论的基础，标志着以研究金融和经济发展之间的关系及发展中国家和地区的金融发展为主题的金融发展理论正式建立。随后，金融深化理论在西方经济学界产生了极大影响，并有许多经济学家提出对金融发展问题的新见解。

金融深化理论的核心是金融与经济发展的关系问题，并以一个全新的视角对两者的关系进行了开创性研究。"经济中的金融部门与经济发展息息相关，金融机制会促使被抑制经济摆脱徘徊不前的局面，加速经济的增长；但是，如果金融领域本身被抑制或扭曲的话，那么，它就会阻碍和破坏经济的发展。"[①] 肖在剖析了现实中存在的金融抑制问题的基础上提出了金融深化的概念，并全面地分析了金融深化的特征、目标

[①] 肖. 经济发展中的金融深化 [M]. 邵伏军，译. 北京：格致出版社，2015：2.

和作用,他首次在经济和金融理论中将金融业和经济发展紧密结合起来,强调了金融体制和金融政策在经济发展中的核心地位。正如作者本人在著作前言中所强调的:本书注重金融市场的这种功能,即金融市场促使较贫困经济的增长步伐变得更加迅速和稳定的功能。

一国金融业是处于金融深化还是金融抑制状态,主要表现在金融资产的存量和流量、金融体系的规模和结构、金融资产的价格等方面。具体来说,在金融深化的经济中,会出现"金融资产存量的品种范围扩大,期限种类增多;金融资产流量较少依赖财政收入和国际资本,而更多依赖国内储蓄;金融体系的规模扩大、机构增加、职能专业化,有组织的国内金融机构取得了优势;金融价格中的利率更准确地反映投资替代消费的机会"[1] 等情形。归结起来,金融深化主要表现在三个层次:一是金融增长,即金融规模不断扩大;二是金融工具、金融机构优化;三是金融市场机制健全,金融资源在市场机制下得到优化配置。这三个层次的金融深化分别通过储蓄效应、投资效应、就业效应和收入效应等推进本国经济的发展。

如何促进金融深化?那就必须推进以金融自由化为核心的金融改革。首先,要进行货币深化,实现利率市场化,促进金融业内的竞争,实现利率"准确地反映客观存在的、能替代现时消费的投资机会和消费者对延迟消费的非意愿程度"[2];其次,金融改革应与财政税收改革同步,两者各尽其职,金融不能代为行使财政职能,财政不能干预金融事业的独立发展;此外,金融改革要与外贸改革配套进行,外贸改革的核心是汇率自由浮动,外币自由交换。总之,通过金融自由化和提高利

---

[1] 肖. 经济发展中的金融深化 [M]. 邵伏军,译. 北京:格致出版社,2015:35.
[2] 肖. 经济发展中的金融深化 [M]. 邵伏军,译. 北京:格致出版社,2015:5.

率,在增加货币需求的同时,扩大投资规模,优化投资分配,从而使经济稳定、持续增长;金融、财政、外贸等政策的协同改革能够促使金融深化与经济发展进入一个长期的良性循环。

当然,任何理论都有缺陷和不足,金融深化理论也不例外,但这并不会掩盖金融深化理论对经济发展理论和实践的重大影响。无论我们如何构想经济发展,没有资本的增长和生产力的提高,发展就无从谈起。因此,资本对增长和发展至关重要,想要促进经济增长和发展,必须确定好利用资本的最佳方法。

(2) 功能观下的金融发展理论

20世纪80年代,以内生增长理论为代表的金融发展理论更侧重于金融功能方向的研究。功能主义作为金融发展理论的一个重要视角,将金融的功能,而不是特定金融机构看作理解金融体系基石的焦点。以兹维·博迪(Zvi Bodie)和罗伯特·C. 默顿(Robert C. Merton)为代表的经济学家,从金融体系有效资源配置这一根本性功能出发,构建了理解金融体系怎样运作,以及怎样随时间变化的统一的概念性框架,并对由金融体系执行的六项功能进行了区分,分别是:跨期、跨国界、跨行业转移经济资源,风险管理,清算支付和结算支付,归集资源并细分股份,提供信息,设法解决激励问题①。这六项细分的功能构成了理解和分析金融体系的基本框架。

3. 人力资本理论

人力资本理论最早是由舒尔茨(Thodore W. Schults)在20世纪60年代提出的。舒尔茨在长期的农业经济研究中发现,促使美国农业产量

---

① 博迪,默顿. 金融学 [M]. 北京:中国人民大学出版社,2013:27.

迅速增长的是人的知识与技能的提高，人力资本投资的增加使得工人工资大幅度增长。

舒尔茨创新性地将资本划分为物质资本和人力资本，认为促进经济增长的各种因素中，人力因素占有越来越重要的地位。所谓人力资本（Human Capital），指的是劳动者在劳动过程中体现的知识、技术、创新概念和管理方法等资源的总称。具体来说，其理论主要包含以下要点：一是当人力资本投资收益率与实物资本投资收益率相等时，就达到了投资的最佳比例，在未达到这个比例之前，须追加投资量不足的方面。二是人力资本在各生产要素之间具有替代和补充作用，在现代化生产过程中，劳动者的智力水平、劳动技能和对新技术的应用能力等已取代自然资源、体力劳动等成为最重要的投入要素，而人力资本的形成主要靠教育来形成。例如，对农民的教育和农业科学技术的推广、应用，可以促进农业生产效率的提高。三是舒尔茨运用自创的"经济增长余数分析法"，测算出1929—1957年美国国民经济增长额中，约有33%是由教育形成的人力资本贡献的，从而证明了人力资本是经济增长的重要源泉。良好的教育可以实现重组和分配能力的形成与提高，带来促进个人、社会发展与进步的溢出效益。

应用于贫困领域，舒尔茨认为贫困的根源在于缺乏包括健康、教育、专业知识技能等在内的人力资本投资，而人力资本恰恰是最重要的投入要素。随后，以森为代表的发展经济学家和各类国际组织提出了能力贫困说，认为贫困是对基本可行能力的剥夺，而不仅仅是收入低下。因此，反贫困的一项重要战略就是通过保证个人能力的提升来实现机会的均等，使他们有能力去追逐生存和发展的机会。具体来说，就是将贫困者本身作为最重要的资本进行培育和投资，改善他们的健康状况，提高其受教育水平和劳动技能，帮助其进入并适应劳动力市场，提高个人收入，最终摆脱贫困。

4. 缪尔达尔的综合反贫困理论

冈纳·缪尔达尔（Gunnar Myrdal）是发展经济学的先驱，因在货币理论和经济波动理论方面的贡献以及对经济、社会和制度等之间关系的深入研究而获得1974年诺贝尔经济学奖。其代表作《亚洲的戏剧——南亚国家贫困问题研究》是发展经济学的一部早期著作，在经济、政治、制度、文化、习俗等广泛的层面上研究了南亚欠发达国家贫困的原因和如何脱贫、如何发展的问题，并具有一些值得思考和借鉴的独到之处。

首先，缪尔达尔强调制度分析。他利用制度分析的方法（Institutional Approach）对亚洲11个国家进行了长达10年的研究，发现"现有制度和观念中存在的低效率、教条僵化和不平等以及其中包含的经济和社会权力关系"[①]是阻碍这些国家经济发展的主要障碍。南亚村社的制度结构从古代封建制度到今天盘根错节的演变，对南亚社会经济状况产生了深刻影响。因此，西方经济学的研究模型不适用于南亚国家的现实状况，因为这些模型暗含的前提是：大部分经济活动都是面向市场的交易，生产和交换可以根据理性的经济核算来进行讨论；但是，在南亚国家，农产品市场并不发达，这就使得在西方常用的维持农产品价格以刺激生产或改进市场的方法，在南亚几乎毫无效果。这种状况的存在主要是因为南亚国家存在着若干不利于经济发展的制度约束，如：落后的土地占有制度、未实现统一的民族制度、政府缺乏权威和效

---

① 缪尔达尔. 亚洲的戏剧：南亚国家贫困问题研究［M］. 北京：商务印书馆，2015：36.

率、封闭的贸易制度等，制度的缺陷致使生产率低下、收入水平低，进一步导致较低的识字率和教育水平。因此，南亚国家要实现发展，就必须进行制度改革，包括土地制度、教育制度、村社组织和官僚制度的改革等。

其次，用系统论方法研究贫困问题和经济发展。缪尔达尔认为，影响一个国家经济发展的是存在于这个社会体系的所有因素，这些因素共同形成一种社会系统，这个系统是由大量互为因果的条件组成的，其中一个条件的变化会引起其他条件的变化。经济系统是社会系统的一部分，发展是这些因素同时发生变化并且相互作用的结果，表现为整个社会系统的上升运动。因此，研究一个国家的发展过程，不应把这些因素看作是孤立的或外生的，而应首先确定社会系统中各种条件之间的关系。尽管作为一名西方学者，缪尔达尔的立场和观点不可避免地带有他所处社会的局限性，但他的分析思路和研究方法对我们还是很有启发意义的。

5. 普惠金融理论

（1）普惠金融概念的提出

2005年，联合国在推广"国际小额信贷年"时首次提出了"普惠金融"（Inclusive Finance，Financial Inclusion，亦被译为包容性金融）的概念，并在2006年发布的普惠金融蓝皮书中将普惠金融定义为"能有效、全方位地为社会所有阶层和群体提供金融服务的金融体系"。该概念提出后，世界上主要国家和国际机构对发展普惠金融达成了共识，并纷纷列出时间表和路线图，致力于普惠金融的发展。世界银行提出到2020年实现普及金融服务的目标，并倡导世界各国推动普惠金融体系的建设，设计专门针对贫困人口、妇女及其他弱势群体的产品和服务。

在世界范围内，专门从事普惠金融研究、推动普惠金融发展的国际组织也相继成立。2009 年 9 月，普惠金融联盟（Alliance for Financial Inclusion，简称 AFI）成立，总部设在马来西亚吉隆坡，旨在通过非商业化的运作来推动发展中国家、新兴市场国家发展普惠金融，解决金融可获得性问题。目前，AFI 共有来自 90 多个国家和地区的 120 多个机构成员，包含各国央行、财政部和金融监管机构。其机构成员分为主要成员、联系成员和特别成员三种类型，其中，主要成员在全体成员中占比高于 80%，享有投票权，中国人民银行和银监会均为其主要成员。

2011 年 9 月，普惠金融联盟在墨西哥举办了"全球政策论坛"（Global Policy Forum），全体成员通过了《玛雅宣言》（Maya Declaration），明确要致力于解决 25 亿无银行服务人口的普惠金融问题。AFI 要求各成员依据该宣言，针对普惠金融的实质性进程、目标做出承诺。我国政府是普惠金融发展的拥护者，2014 年 9 月，中国人民银行从形成普惠金融国家战略、开展公私部门合作、发展金融教育、普及金融知识、开展金融消费者素养调查、加强金融消费者保护等方面做出了国际承诺[①]。

"普惠金融全球合作伙伴"（GPFI）是另一个重要的普惠金融国际组织，它由二十国集团（G20）国家、部分非二十国集团国家以及相关国际机构组成，致力于在全球范围内推广和发展普惠金融。2011 年，二十国集团领导人在戛纳峰会上接受 GPFI 的建议，支持国际上和各国国内所进行的普惠金融数据建设方面的努力，在各方数据的基础上形成了《G20 普惠金融指标体系》，并在 2012 年洛斯卡沃斯峰会上通过。该指标体系的建立和发布对于督促各国政府主动作为、推进全球各类普惠金融数据库的建立起到了较大的推动作用。

---

① 焦瑾璞. 关于全球普惠金融合作伙伴组织（GPFI）[EB/OL]. http://blog.sina.com.cn/s/blog_4a7fe7a00102w7u0.html.

2016年，中国人民银行代表中国担任普惠金融全球合作伙伴（GPFI）轮值主席，议题主要是"发展数字普惠金融""普惠金融指标体系"等，最终形成《G20数字普惠金融高级原则》《G20普惠金融指标体系（升级版）》《G20中小企业融资行动计划落实框架》三项核心成果，提交G20杭州峰会后顺利获得通过并写进了峰会公报。此外，中国还积极配合GPFI更新《G20普惠金融行动计划》，出台了关于非正规经济与数字化的《G20普惠金融政策指引》等文件。

《G20数字普惠金融高级原则》是数字普惠金融领域首个国际高级别指引性文件，包含覆盖8条原则的66项行动，这些原则分别是：倡导利用数字技术推动普惠金融发展；平衡好数字普惠金融发展中的创新与风险；构建恰当的数字普惠金融法律和监管框架；拓展数字金融服务基础设施生态系统；采取负责任的数字普惠金融措施保护消费者；重视消费者数字技术基础知识和金融知识的普及；促进数字金融服务的客户身份识别；监测数字普惠金融进展。这对于指引和帮助各国政府发展普惠金融具有重要意义。

升级版《G20普惠金融指标体系》则是经过与GPFI成员国和执行伙伴组织及合作伙伴组织的磋商，基于数字金融新业态的发展以及数字金融服务供需两端新数据的获得情况，提出的11个用于衡量数字金融服务发展的新指标。扩充后的指标体系从供需两侧、金融服务使用情况、金融服务可获得性与金融服务和产品质量三个维度，形成19大类35个指标，涵盖了大部分数字金融支付工具、传输方式和用途。

（2）金融排斥的定义、分类及表现

普惠金融的提出是源于现实中存在的金融排斥现象。传统上，金融排斥特指银行关闭分支机构而影响了民众对银行服务的可获得性。例如，美国经济学家（Leyshon 和 Thrift，1995）在研究经济地理时发现，某些地区没有人开展银行业务，也就没有人放出贷款，这意味着这些地区的群众享受不到金融服务。现实发展中，金融排斥的表现更加宽泛，主要有交易主体自由进出金融市场受限，市场也不能为每个主体提供公平、公开的交易机会，资金借贷并非完全由资金需求者的预期偿还能力决定，等等。各种金融排斥现象的存在，不仅阻断了广大社会弱势群体接近金融产品和金融服务的可能性，而且成为经济发展和社会进步的一大障碍。

金融排斥是一个动态化过程，其存在可能是暂时的，也可能是长期的。从宏观层面来说，经济发达程度是影响一国金融排斥是否存在的重要原因；从微观层面来说，地理环境、基础设施、金融意识、交易成本等因素均有可能产生影响。凯普森和伟利（Kempson & Whyley，1999），以及萨尔玛（Sarma，2010）综合概括了五类金融排斥：机会排斥、条件排斥、价格排斥、市场排斥和自我排斥。何德旭、苗文龙（2015）从需求资金的金融排斥角度，将中国的金融排斥归结为经济发展战略、金融制度结构、金融市场结构、社交网络关系、风险管理约束等五类。

本文则根据金融参与供给双方的情况，将金融排斥分为两大类：一类是供给端的金融排斥，一类是需求端的金融排斥。其中，供给端的金融排斥主要表现在两个方面：一是政府政策设计中存在的金融排斥，即作为金融政策和制度的设计者，在制度设计过程中明显存在金融排斥，如集中支持重点地区和重点行业的制度安排。二是金融市场趋利性导致的金融排斥。由于低收入群体的金融风险管理成本较高，金融机构往往将这一群体的金融服务需求排斥在有效需求之外，致使其无法获得合理的金融服务，从而阻碍其自身发展，比如现实存在的小微企业、困难群体融资难、融资贵的问题。

需求端的金融排斥主要表现为部分群体的自我排斥，即由于金融素养较低，缺乏基本的金融知识和金融信息，部分群体无法正常接近正规的金融服务；风险意识淡薄，缺乏基本的风险管理能力，在金融服务的使用过程中容易使自身承受的金融风险变大，生活状况更加窘迫。长期以来，这一类资金需求排斥被严重低估，而且在金融发展的过程中表现得越来越突出。比如在我国扶贫信贷资源的投放过程中，广大贫困户由于难以寻找到合适的投资项目，资金无处可投从而导致的信贷排斥；或由于个人的经营能力较差、风险管理意识淡薄而导致的信贷排斥。各种因素错综复杂，导致广大贫困户的信贷需求无法得到满足，从而形成现实中的金融排斥。这不仅阻碍了小微个体接受并利用金融资源进行生产性发展，还最终导致我国整个农村金融市场资源配置的低效率。

（3）普惠金融的内涵及主要原则

在我国，"Inclusive Finance"通常被译为普惠金融，"普惠"的中文释义应为"普遍惠及"，普惠金融的理论前提是人生来就有平等地享受金融服务的权利，其实质是机会均等问题，强调金融服务的可及性。因此，普惠金融既不是优惠金融，更不是特惠金融。我国在《推进普惠金融发展规划（2016—2020）》中将普惠金融概括为：立足机会平等要求和商业可持续原则，以可负担的成本为有金融服务需求的社会各阶层和群体提供适当、有效的金融服务。其中主要涵盖了以下要点：

首先，所有人都有享受金融产品和服务的权利，普惠金融要公平地对待所有的客户。机会自由是所有自由的基础。普惠金融不是少数富有阶层的特权，也不是仅仅针对社会上弱势群体的特惠金融，它强调只要有需求，需求即可得到满足。但我国的现实国情决定了在具体实践中，普惠金融的服务重点就是小微企业、农民、城镇低收入人群、贫困人群和残疾人、老年人等特殊群体，当有金融需求时，他们都能够以合理的价格享受到合适的金融服务。因此，普惠金融天生带有扶贫性质。

其次，人们需要为所享有的金融产品和服务支付合理的成本，从而保证金融服务提供者的财务可持续。让利率覆盖风险是普惠金融的基石，普惠金融的本质是金融，特点是普惠，因此它区别于财政无偿拨付的特点。普惠金融也不是慈善金融，不支付合适的价格，金融服务机构难以实现财务的可持续，从长远来看势必会挫伤金融机构从事普惠金融的积极性，不利于普惠金融的推进和发展。既有的国际实践也表明，要想做好普惠金融工作，服务机构的自身发展至关重要，而机构发展的基础便是财务上的可持续，金融产品和服务的价格必须覆盖必要的成本，普惠金融的发展依靠捐赠和施舍是难以持续下去的。金融机构实现了可持续发展，才有提供和改进服务的可能性，才会去拓展有风险的新客户。

再次，普惠金融服务对象的金融需求是全面的、综合的，金融产品和服务的形式应该是多样的。提供多元化的金融服务已经成为一种趋势，从小额信贷的最初实践到微型金融的发展，再到普惠金融的提出，其中的业务范围不断扩大，涵盖借贷、储蓄、支付结算、财富管理、保险、投资等各类金融服务。只有实现产品和服务的多样化，才能在多元需求的被满足中实现普惠的真正意义。

最后，普惠金融的难点在于解决现实中"三农"、小微企业等弱势领域和低收入群体的金融支持问题。向弱势领域和低收入群体提供金融服务，往往存在风险高、成本高、收益低的特点，金融机构参与普惠金融发展通常面临巨大的压力。如何通过理念的转变、模式的创新、手段的进步等来控制好成本，管理好风险，提供优质的金融服务，普遍提升广大低收入群体的获得感和满意度，是对普惠金融推动者和参与者的重要考验。

（4）普惠金融在中国的发展

中国对于发展普惠金融给予了高度关注，普惠金融的发展理念与我国关于农村金融体系的构建思路也是高度吻合的。党和政府对于如何发展普惠金融、如何构建中国特色的农村金融体系进行了统筹设计，从制度和政策层面予以保障。2007年，第三次全国金融工作会议提出，要建立"多层次、广覆盖、可持续的农村金融体系"。2013年11月，党的十八届三中全会首次明确提出发展普惠金融。至2015年12月，我国已完成并发布《推进普惠金融发展规划（2016—2020）》，对于2016年至2020年这5年间如何发展普惠金融进行了具体路径的设计，目标在于通过发展普惠金融，提高金融服务的覆盖率、可得性和满意度，增强所有市场主体和广大人民群众对金融服务的获得感。无论是在政策设计层面，还是在实践推进层面，我国均在普惠金融的发展中走在了世界的前列。

2016年，中国人民银行参照《G20普惠金融指标体系》，牵头组织制定了《中国普惠金融指标体系》。该指标体系包含使用情况、可得性、质量3个维度共21类51项指标，体现了国际先进性和中国特色的融合，兼具可操作性和实用性（参见表1-3）。总体来看，我国基础金融服务已基本实现行政村全覆盖，银行结算账户和银行卡使用已广泛普及，数字支付迅速发展，保险产品和服务使用稳步增长，信用建设稳步推进，消费者金融素养有所提升，金融消费纠纷非诉解决机制建设取得进展，信贷对普惠金融的支持力度平稳增长。但我国仍存在部分边远地区金融服务基础设施尚不完善，普惠金融服务的覆盖率、可得性和满意度亟待加强；金融素养有待提升，发展中的风险防范值得重视等问题。

表 1-3 中国普惠金融指标体系

三个维度	具体指标
使用情况	账户和银行卡使用情况
	电子支付使用情况
	个人投资理财情况
	个人信贷使用情况
	普惠口径小微贷款使用情况
	创业担保贷款和助学贷款使用情况
	农户生产经营贷款使用情况
	建档立卡贫困人口贷款使用情况
	保险使用情况
可得性维度	网点可得性
	具有融资功能非金融机构可得性
	ATM、POS 机具可得性
	助农取款点可得性
质量维度	金融知识和金融行为
	金融服务投诉
	银行卡卡均授信额度
	信用建设

资料来源：中国人民银行金融消费权益保护局. 中国普惠金融指标分析报告 [EB/OL]. http：//www.chinamfi.net/upload/editor/file/20191021/21144806414.pdf.

为了进一步探索适合我国现实情况的普惠金融发展模式，从 2018 年起，人民银行还与世界银行合作开展为期 3 年的普惠金融全球倡议（FIGI）项目。FIGI 项目在世界范围内选取了中国、埃及、墨西哥 3 个国家同时开展，并在全球层面成立了 3 个技术小组，分别是数字身份工作组、电子支付推广工作组、安全与信任工作组。FIGI 中国项目选取了陕西省宜君县和湖南省平江县作为试点地区，项目将围绕征信体系建设、金融科技市场发展、金融产品获取与设计、充分发挥助农取款服务点潜能，以及加强金融消费者保护五个方面开展研究，并在试点地区开展实践，以期总结出可复制可推广的经验向全国推广，并向全球其他国家介绍。FIGI 中国项目的启动标志着中国普惠金融工作更加开放，既有助于中国普惠金融的探索和创新，还将有力地推动世界银行集团到 2020 年实现"全球金融普及"的倡议目标。

（三）我国反贫困理论的演变

我国传统的扶贫观点认为，贫困表现为收入不足，给贫困人口提供收入救济就是一种自然的政策选择，即所谓的"输血"式扶贫战略。但由于中国农村贫困人口的规模如此之大，仅仅依靠国家财力是难以负担的，显然这种"输血"式扶贫战略行不通。针对中国的实际，一些学者提出了"造血"式扶贫的观点（王小强，1987），通过加强贫困地区基础设施建设，促进产业发展，提高地区经济社会发展水平，利用市场机制使得贫困人口获得更多增加收入的机会，切实增强贫困人口脱贫和发展的内生动力，从而达到反贫困的效果。这便是中国政府确立的开发式扶贫模式。作为一种能够有效解决贫困问题的办法，这既是我国扶贫的主要经验，也是我国今后仍将继续坚持的扶贫方向。

到 20 世纪 90 年代末、21 世纪初，中国农村贫困的致贫原因不仅仅是缺乏就业机会，更多的是因病致贫、因灾致贫、缺少人力资本积累和生存环境恶劣等。针对现实状况的变化，有学者提出了开发式扶贫与救济式扶贫相结合的建议。中国政府全面推行的农村最低收入保障（低保）政策，正是对这种政策建议的积极回应。事实证明，缓解甚至消除贫困的根本之道在于解决贫困群体的发展问题,如创建宜居的生态环境、提供均等的受教育机会和医疗保障、获得平等的权利等,从而全面提升其自我发展能力。

(四) 国际上反贫困政策的主要分类

实践和理论都证明,市场在扶贫领域表现出明显的失灵。因此,各国政府不得不通过合适的公共政策来弥补市场的失灵,有效引导市场机制在扶贫领域的巨大潜能。总结国际上取得显著扶贫成效的国家(尤其是发展中国家)的反贫困实践,可以发现各国均根据本国社会、经济和文化特点设计并实施了积极的反贫困政策,在贫困发生率降低、贫困人口生活质量提高等方面有较大改进。根据扶贫政策的功能定位,大致可以归结为七大类(见表1-4)。

表1-4 国际上主要扶贫政策分类总结

政策分类	具体内容
直接增加生产投入要素的政策	人力资本政策、鼓励技术进步政策、人口与移民政策等
完善市场的政策	贸易开放政策、金融发展政策等
完善生产生活条件的政策	公共基础设施投资政策、生态环境保护政策等
降低经济生活不确定性的政策	社会安全网政策,如医疗、养老、失业保险政策等
再分配政策	财政和公共支出政策
公共治理的政策	扩大参与和赋权
促进农业、农村发展的政策	农业现代化政策、农村城市化政策等

资料来源:刘民权,俞建拖. 国际扶贫的理论和政策实践 [M]. 北京:中国发展出版社,2007.

通过梳理可见,各类扶贫政策中既有直接推动金融发展的政策,又有间接需要发挥金融功能的政策,即各类政策的实施均需要通过金融将有效资源配置到反贫困领域,在缓解发展面临的资金约束的同时激发贫困地区发展、贫困人口致富的内生动力。因此,发展扶贫性金融是推进减贫的一项重要手段。

四、本章小结

贫困是由多种因素促成的一种复杂的社会现象，对贫困问题的分析不能囿于狭隘的思维空间，对反贫困理论和实践的探索应该在一个综合性的分析框架下来进行，因为这是一个各方协调、共同发力的历史过程。缪尔达尔的制度分析和系统论方法为贫困问题研究的开展提供了一个综合性的范式，在此基础上进一步结合金融发展理论、人力资本理论、权利贫困和发展贫困学说等，可以实现对贫困更加深入的认识和研究。但无论哪种反贫困理论，其关注的核心要点都应该是"人"，任何政策的制定和落实都应以人为根本出发点和最终落脚点。西方经济理论为我们开展贫困问题研究提供了一些好的思路和方法，但这仅仅是开始，作为在短短时间内取得如此减贫成就的最大发展中国家，中国拥有最生动的减贫故事，生发了最切合中国实际的减贫经验，因此，理应形成中国特色的社会主义反贫困理论体系。

第二章　中国反贫困的历史进程

改革开放以来，中国在反贫困领域取得了巨大成就，为世界反贫困做出了突出贡献，并形成了一条独具中国特色的扶贫开发道路。当前，我国进入脱贫攻坚的关键时期，任务艰巨、时间紧迫；如何坚持精准扶贫基本方略，到2020年实现精准脱贫的战略目标，是对我党和国家治理能力的巨大考验。以史为鉴，面向未来。本章将系统回顾我国改革开放以来的扶贫开发历程，评价成效，总结经验，分析我国当前加速推进反贫困进程的伟大意义，并为下文探索何为金融扶贫、如何更好开展金融扶贫进行正确的历史定位。

一、改革开放以来中国扶贫开发的主要历程

20世纪70年代末，中国在人口多、底子薄的基础上开始了一场从农村到城市的全面经济改革。摆脱贫困，是这场改革和发展的最原始动力。改革开放初期，占国家总人口80%的农村人口中，有1/3的农村人口不得温饱，当时的中国是一个整体性贫困的国家。自1978年至20世纪80年代中期，中国处于改革推动扶贫阶段。从20世纪80年代中期开始，中国政府在推动经济社会全面发展的进程中开展了大规模的开发式扶贫，先后制定并实施了《国家"八七"扶贫攻坚计划（1994—

2000年)》《中国农村扶贫开发纲要（2001—2010年)》《中国农村扶贫开发纲要（2011—2020)》等中长期扶贫规划，我国的农村扶贫开发进程进入有计划、有组织的高速推进阶段。党的十八大以来，党和政府将国家的扶贫开发推进到精准扶贫、精准脱贫的全新阶段，把脱贫攻坚摆到治国理政的重要位置，并取得了决定性进展。

（一）1978—1985年农村经济体制改革推动的农村减贫

改革开放以后，以家庭联产承包责任制为中心的农村经营体制改革，使农民获得了家庭承包地、劳动力和主要收益的支配权，农民生产的积极性被大大调动起来，农业劳动生产率随之大幅提高，加之一些限制劳动力使用、控制市场等制度约束的松绑，使部分生产剩余和农业剩余劳动力转向非农企业。此外，政府还通过提高农产品价格、放宽农产品流通管制等，促进了农产品交易，这些均促使农民收入有了显著提高。按照当时的标准，有50%未解决温饱的农村贫困人口在这期间得以温饱。

（二）1986—1993年中国农村的大规模专项反贫困计划

从1984年开始，中国初步建立了中国特色社会主义市场经济体制，确立了以改革、开放和发展为主线，加速工业化和城镇化的国家发展战略，带动经济实现了长时间的高速发展，为扶贫开发战略的实施提供了必要的积累。1984年，中共中央发布《关于帮助贫困地区尽快改变面貌的通知》，提出扶贫的根本途径是促进贫困人口和贫困地区自我发展能力的提高和推动区域经济发展。

以此政策为发端，我国于1986年开始启动了历史上规模最大的农村专项反贫困计划。同年，中央政府决定成立由农业、教育、财政、交通等14个相关部门组成的国务院贫困地区经济开发领导小组及其办公室，1993年更名为国务院扶贫开发领导小组，重点开展对贫困区域的识别工作，划定国家级贫困县和集中连片贫困地区，制定一系列扶贫惠农政策，形成多维度、可持续的全面扶贫战略。

经过8年的扶贫开发，农村绝对贫困人口数量大规模减少，农村未解决温饱的人口从1985年的1.25亿人减少到1993年的7 500万人（按1984年标准）。在金融扶贫方面，曾经尝试发放扶贫贷款进行间接扶贫和直接贷款到农户的信贷扶贫方式，但出现贷款到达农户比重和还款率双低的问题，金融扶贫的效果与预期相比有所出入。

（三）1994—2000年"八七扶贫攻坚计划"期间的农村重点攻坚扶贫

1994年，国家出台了《国家八七扶贫攻坚计划》，力争用7年左右时间（1994—2000年），基本解决当时农村8 000万贫困人口的温饱问题，这是中国历史上第一个具有明确目标的扶贫计划。

为了如期完成目标，政府采取了重新确定贫困县标准、大幅增加扶贫投入、加强科技扶贫力度、动员社会扶贫、加大基础设施建设等一系列新举措。新举措的实施取得了显著成效，贫困人口规模缩小，1993—2000年，按当时的贫困标准，全国未解决温饱的农村人口减少到3 209万人；贫困地区农民收入与全国农民平均收入的差距减小，国家确定的贫困县中农民人均纯收入从1994年的648元增加到2000年的1 337元，年均增长12.8%，比全国平均增长速度快2个百分点；农业增加值和粮食产量明显增加，社会服务事业有了较大发展，贫困地区的基础设施条件明显改善，"1994—2000年，国家确定的贫困县中农业增加值年均增加7.5%，高于全国7.0%的年均增长速度；粮食产量年均增长1.9%，是全国平均增加速度（0.6%）的3.2倍，到2000年底，贫困地区通电、通路、通邮、通电话的行政村分别达到 95.5%、89%、69% 和 67.7%"①。

在金融扶贫领域，这一时期更加关注对贫困户的直接信贷扶贫，扶贫贷款的一半左右直接发放至农户手中。

（四）2001—2010 年的农村扶贫开发

面对新世纪扶贫工作面临的诸多新挑战，2001 年，中共中央、国务院出台了《中国农村扶贫开发纲要（2001—2010 年）》，形成了指导农村扶贫开发的十年规划。这一时期，我国在诸多方面做出了新的调整。一是在 2008 年将扶贫标准从年人均纯收入 895 元提高到 1 196 元，使可享受政策优惠的扶贫对象增加了 3 000 万人。二是在总结 1986 年以来扶贫开发经验教训的基础上，确定了后来被概括为"政府主导、社会参与、自力更生、开发扶贫、全面发展"的农村扶贫开发方针，突破了传统收入贫困的单一维度，将基础设施建设和社会事业的发展，均纳入开发式扶贫的范畴。三是建立全国农村最低生活保证制度（简称低保），为因丧失劳动能力或遭受意外事件而致贫的农民提供了最后的生活保障。2009 年开始，中国政府开展了建档立卡工作试点，实现农村最低生活保障制度和扶贫开发政策的有效衔接。

（五）2011 年以来的农村扶贫开发

2011 年，中国政府发布了《中国农村扶贫开发纲要（2011—2020 年）》（以下简称《纲要》），提出了未来 10 年扶贫工作的目标和战略。与此同时，中共中央、国务院在 2014 年 1 月印发了《关于创新机制扎

---

① 汪三贵. 在发展中战胜贫困——对中国 30 年大规模减贫经验的总结与评价 [J]. 管理世界, 2008 (11): 78 - 88.

实推进农村扶贫开发工作的意见》(以下简称《意见》),将中国农村扶贫推进到"精准扶贫、精准脱贫"的新时期。以此《意见》为界,这一时期的扶贫开发又分为 2014 年前后两个阶段。

1. 2011—2013 年的农村扶贫开发

《纲要》提出:到 2020 年,稳定实现扶贫对象不愁吃、不愁穿,保障其义务教育、基本医疗和住房(后文简称"两不愁、三保障")。这一目标的设定体现了中国扶贫理念和实践的重要转变:从解决基本温饱问题向综合解决农民的生存和发展问题转变,从侧重满足农民的物质需求向同时满足农民的物质和社会服务基本需求转变,从单纯提升农民收入向扭转发展差距扩大转变。

2011 年,中国政府将按 2010 年价格表示的扶贫标准从原来的 1 274 元提高到 2 300 元。扶贫标准提高以后,可以享受国家扶贫政策的农村贫困人口增加了约 1 亿人。

2. 2014 年以来实施精准扶贫、精准脱贫

2013 年 11 月,习近平总书记到湖南湘西考察时首次做出了"实事求是、因地制宜、分类指导、精准扶贫"的重要指示。2014 年开始,中国农村扶贫开发全面开启"精准扶贫、精准脱贫"模式,在扶持对象、项目安排、资金使用、措施到户、因村派人(第一书记)、脱贫成效等方面实行精准管理,提高扶贫的针对性和有效性。2015 年 6 月,习近平总书记在贵州省调研的时候又提出"扶贫开发贵在精准,重在精准,成败之举在精准"①。从某种意义上说,这是我国在扶贫开发领

---

① 习近平. 在部分省区市扶贫攻坚与"十三五"时期经济社会发展座谈会上的讲话(2015 年 6 月 18 日)[G]. 国务院扶贫办. 习近平关于扶贫开发论述摘编. 北京:中央文献出版社,2015:43.

域甚至是贫困地区农村发展过程中的一次伟大变革。

3. 2018年以来,开展关于打赢脱贫攻坚战的三年行动计划

党的十九大明确把精准脱贫作为决胜全面建成小康社会必须打好的三大攻坚战之一。为纠正各部门在脱贫攻坚实践中存在的突出问题,进一步推动脱贫攻坚工作的有效开展,2018年6月,中共中央、国务院发布了《关于打赢脱贫攻坚战三年行动的指导意见》,对脱贫攻坚的战略目标、工作要求、保障机制等进行了最新部署,确保在剩余的3年时间内(2018—2020年)坚决打赢这场对如期全面建成小康社会、实现第一个百年奋斗目标具有决定性意义的攻坚战。

通过梳理改革开放以来中国的扶贫进程可以发现,在不同的历史发展阶段,根据国际国内形势和现实发展条件,提出相应的战略目标引领事业发展,不仅是我们国家取得如此扶贫成就的基本保障,也是我们党执政兴国的重要经验。在整个扶贫开发进程中,无论是加强贫困地区的基础设施建设和完善基本公共服务,还是促进农村优势产业的发展、为农民提供基本生活保障,都需要巨额资金的支持,金融作为资金融通、资源配置的重要手段,毫无疑问应发挥其基本的功能。在具体实践中,党和政府始终在探索合理、有效的金融扶贫方式、方法。在当前攻坚脱贫的关键时期,金融必将发挥更加重要的作用。

二、中国扶贫开发实践的成效评价

(一)按现行标准衡量,农村贫困人口大幅减少

改革开放40年来,我国农村贫困人口大幅减少,我国农村从普遍贫困走向整体消除绝对贫困。按照我国现行农村贫困标准(2010

年价格水平每人每年 2 300 元）测算，1978 年我国农村贫困人口为 7.7 亿，贫困发生率为 97.5%。2019 年年末，我国农村贫困人口为 551 万人，比 1978 年减少 7.6 亿人；贫困发生率为 0.6%，比 1978 年下降 96.9 个百分点，平均每年下降 3.0 个百分点。目前，建档立卡贫困村减少到 2.6 万个，全国 832 个贫困县已经有 153 个宣布摘帽。参见表 2-1。

表 2-1 按现行农村贫困标准衡量的农村贫困状况

年份	当年价贫困标准（元/人）	贫困发生率（%）	贫困人口规模（万人）
1978 年	366	97.5	77 039
1980 年	403	96.2	76 542
1985 年	482	78.3	66 101
1990 年	807	73.5	65 849
1995 年	1511	60.5	55 463
2000 年	1 528	49.8	46 224
2005 年	1 742	30.2	28 662
2010 年	2 300	17.2	16 567
2011 年	2 536	12.7	12 238
2012 年	2 625	10.2	9 899
2013 年	2 736	8.5	8 249
2014 年	2 800	7.2	7 017
2015 年	2 855	5.7	5 575
2016 年	2 952	4.5	4 335
2017 年	3 011	3.1	3 046
2018 年	3 059	1.7	1 660
2019 年	3 123	0.6	551

数据来源：国家统计局农村住户调查和居民收支与生活状况调查。其中，2010 年以前数据是根据历年全国农村住户调查数据、农村物价和人口变化，按现行标准测算取得。

从不同地区的减贫情况来看，东部①发达地区已率先基本实现脱贫，中西部②地区贫困人口也全面下降。参见图2-1。尤其是党和国家实施精准扶贫、精准脱贫基本方略以来，深入实施东西部扶贫协作，区域性整体贫困明显缓解。

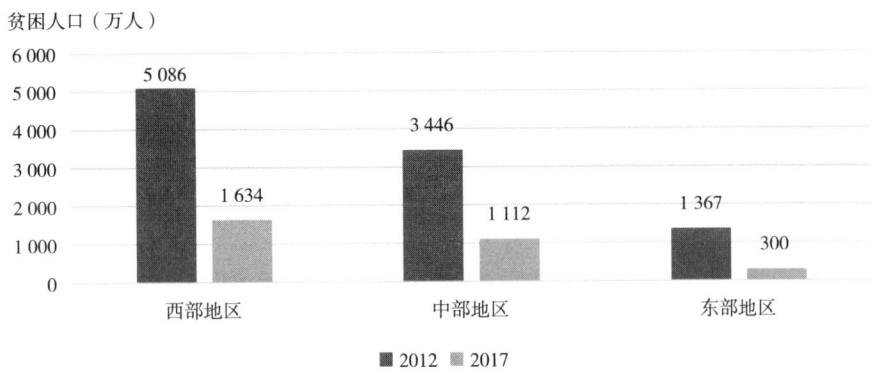

图2-1 2012年和2017年末东、中、西部地区农村贫困状况

数据来源：国家统计局住户调查办公室. 中国农村贫困监测报告（2018）[R]. 北京：中国统计出版社，2018：3.

（二）贫困人口生活质量改善

1. 贫困地区农村居民收入保持较快增长

改革开放以来，我国贫困地区农村居民收入持续保持较快增长，与全国农村居民平均收入的差距缩小。到2017年，"贫困地区农村居民人均可支配收入达到9 377元，扣除价格因素，实际水平是2012年的1.6

---

① 东部地区：包括北京、天津、河北、辽宁、上海、江苏、浙江、福建、山东、广东、海南等11个省级单位。
② 中部地区：包括山西、吉林、黑龙江、安徽、江西、河南、湖北、湖南等8个省级单位。西部地区：包括内蒙古、广西、重庆、四川、贵州、云南、西藏、陕西、甘肃、青海、宁夏、新疆等12个省级单位。

倍,年均实际增长 10.4%,比全国农村平均增速快 2.5 个百分点"①。

贫困地区居民生活消费水平明显提高,消费支出保持较快增长,人均消费结构不断优化升级,居住环境不断改善,住房条件大大改善,饮水安全等得到保障,家庭耐用消费品升级换代,电视机、电冰箱、洗衣机、计算机、汽车等拥有量有了较大增加。

2. 贫困地区农村基础设施建设和基本公共服务明显改善

改革开放 40 年来,尤其是党的十八大以来,中央和地方政府转变思路,不再局限于解决收入贫困问题,更加注重发展贫困问题的缓解。不断加大对农村基础设施和基本公共服务的投资力度,包括水、电、电话、电视信号、宽带、主干道路硬化等在内的农村基础设施基本完备;包括教育、医疗等在内的设施配置逐步齐全,基本公共服务水平不断提高,农村生产、农民生活条件得到持续改善。

表 2-2 2013—2017 年贫困地区基础设施条件

指标名称	2013 年	2014 年	2015 年	2016 年	2017 年
通电话的自然村比重（%）	93.3	95.2	97.6	98.2	98.5
通有线电视信号的自然村比重（%）	70.7	75.0	79.3	81.3	86.5
通宽带的自然村比重（%）	41.5	48.0	56.3	63.4	71.0
主干道路面经过硬化处理的自然村比重（%）	59.9	64.7	73.0	77.9	81.1
通客运班车	38.8	42.7	47.8	49.9	51.2

数据来源:国家统计局住户调查办公室.中国农村贫困监测报告（2018）[M].北京:中国统计出版社,2018:7.

(三) 对全球贫困人口减少和福祉提高的贡献

我国在扶贫开发领域所取得的成就,对于全球贫困人口的减少和

---

① 国家统计局住户调查办公室.中国农村贫困监测报告（2018）[M].北京:中国统计出版社,2018:5.

福祉的提高来说都是至关重要的。按照世界银行发布的数据：在每人每天1.9美元的国际贫困标准下，我国贫困人口从1981年末的8.78亿人减少到2013年末的2511万人，累计减少的8.53亿贫困人口占全球减贫总规模超过七成。中国贫困发生率从1981年末的88.3%下降至2013年末的1.9%，累计下降了86.4个百分点，年均下降2.7个百分点，同期全球贫困发生率从42.3%下降到10.9%，累计下降31.4个百分点，年均下降1.0个百分点。我国减贫速度明显快于全球平均减贫速度，贫困发生率也大大低于全球平均水平。

中国最早实现了联合国千年发展目标中的减贫目标，我国以政府为主导的扶贫开发计划，尤其是精准扶贫方略的实施所累积的中国减贫经验，为世界上其他发展中国家的减贫实践提供了积极借鉴。2017年6月，在联合国人权理事会第35次会议上，中国代表全球140多个国家，就共同努力消除贫困发表联合声明，表明中国将不懈努力与各国分享中国减贫的重要经验，把中国扶贫模式向全世界推广。

三、中国促进减贫的主要影响因素分析

改革开放以来，中国扶贫开发所取得的成果是党和政府同全国人民一道共同奋斗的结果，党和政府始终能够做到科学规划、全力支持，贫困地区和贫困人口自力更生，艰苦奋斗，积极投入改革和发展的进程中，也成为改革和发展成果的享有者，自身福祉不断改善。概括起来，中国所取得的反贫困成就主要归功于持续的发展和积极的扶贫政策。包括经济、社会事业在内的持续发展为反贫困实践的开展提供了坚实的物质基础，积极的扶贫政策显示了政府反贫困的决心和力度。

(一) 通过发展减缓贫困

摆脱贫困,是中国改革和发展的最原始动力。改革开放初期,占国家总人口80%的农村人口中,有1/3的农村人口不得温饱,当时的中国是一个整体性贫困的国家。除了实现发展以外的其他任何方式都无法解决规模如此庞大的贫困问题。改革开放以来,党和政府始终坚持"发展是硬道理",坚持通过发展解决贫困问题,摆脱贫困、实现国家现代化是治国理政的第一要务。这一发展思路也使得整个国家的改革和发展历程天然带有扶贫性质。发展减贫的做法,与中国传统文化中存在的"扶贫先扶志"的思想一脉相承。更为重要的是,党和政府将发展减贫的理念和战略贯穿始终。

1. 经济发展与反贫困——益贫式经济发展是缓解贫困的第一推动力

1978年以来不同时期的中国经济增长速度与贫困人口减少的规模显示,经济发展与贫困的缓解呈正相关关系。1953—2018年这66年间,中国GDP年均增速为8.4%;1953—1977年期间,中国GDP年均增速为6.5%;1978—2018年期间,中国GDP年均增速上升至9.5%。1978年以来,我国贫困人口规模大幅减少,人民生活水平普遍提高。

但是,经济发展并不自然引致贫困状况的缓解和收入差距的缩小。中国的经济发展与贫困人口的减少过程基本同步,这主要得益于益贫式的经济发展,即通过政府的一系列制度安排,使低收入群体更多分享经济发展成果,改善不平等状况。经济发展构成贫困人口减少的重要物质来源。但贫困本身是一个相对的概念,当收入差距不断扩大,低收入群体的收入增速持续低于社会收入的平均增速,贫困问题就有恶化之势。因此,只有实现益贫式的经济发展,才能让广大贫困人口分享到改革和发展所带来的成果,缩小收入差距,进而减少贫困人口的数量,改善其

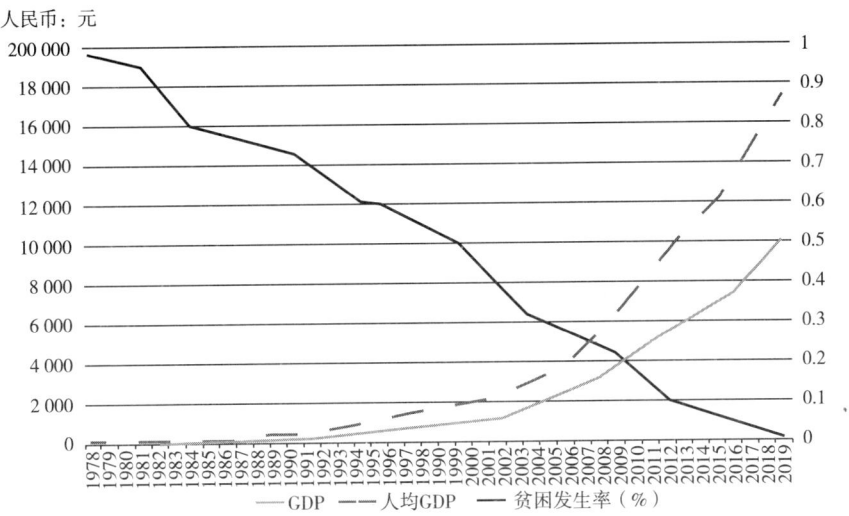

图 2-2　1978 年—2019 年中国 GDP 总量、人均 GDP 与贫困发生率

数据来源：万得数据（WIND）.

生存和发展质量。实现益贫式的经济发展是缓解贫困的第一推动力。

2. 社会事业发展与反贫困——教育、医疗、社保等发展对缓解贫困的积极影响

改革开放以来，农村的教育、医疗、社会保障等社会事业持续发展和完善，对贫困的减缓发挥了积极的作用。

1986 年，我国颁布了《中华人民共和国义务教育法》，从法律上明确了义务教育的发展目标和内容，使我国的义务教育得到长足发展。2006 年，我国进一步修订了《义务教育法》，逐步强化了义务教育公平、公正均衡发展的保障机制。国家关于发展义务教育系列政策的制定和落实，使得贫困地区的教育状况得到改观，有助于从整体上提升贫困人口的知识水平和发展技能，通过人力资本整体水平的提升促进减贫、脱贫。2017 年，贫困地区农村居民 16 岁以上家庭成员均未完成初中教

育的农户比重降至 15.2%，84.7% 的农户所在自然村上幼儿园便利，88.0% 的农户所在自然村上小学便利，有文化活动室的行政村占比达 89.2%。

包括贫困人口在内的广大农村人口得益于我国农村医疗卫生事业的发展，健康水平有了明显提高，这也是社会事业减贫的一项重要成果。政府通过加大对贫困地区和贫困人口的医疗服务和医疗救助力度，改善村卫生室医疗条件，加强传染病、地方病防治等系列举措，提高了全国农村的公共卫生水平。参见表 2-3。

表 2-3 2013—2017 年贫困地区农村医疗卫生条件

指标名称	2013 年	2014 年	2015 年	2016 年	2017 年
拥有合法行医证医生/卫生员的行政村比重（%）	88.9	90.9	91.2	90.4	92.0
所在自然村有卫生站的农户比重（%）	84.4	86.8	90.3	91.4	92.2
拥有畜禽集中饲养区行政村比重（%）	23.9	26.7	26.9	28.0	28.4
所在自然村垃圾能集中处理的自然村比重（%）	29.9	35.2	43.2	50.9	61.4

资料来源：国家统计局住户调查办公室. 中国农村贫困监测报告（2018）[R]. 北京：中国统计出版社，2018：8.

从 2003 年开始试行的新型农村合作医疗制度，发展到目前已实现了在农村的全覆盖。从 2007 年开始，国家先后建立了农村最低生活保障制度、新型农村养老保险制度、社会救助制度等，完善了农村"五保户"制度，这些社会保障制度多瞄准贫困人口集中的低收入农户、老年人口和患病人群，成为我国农村扶贫体系的重要组成部分，有效保障了低收入群体的基本需求。

（二）强有力的扶贫政策

1. 坚持"政府主导、群众主体、社会参与"的扶贫运行体制

"政府主导、群众主体、社会参与"的扶贫运行体制，是我国取得

扶贫开发成就的基本经验，也是我国扶贫开发的重要制度保障。政府、市场、社会，构成了中国扶贫的基本力量。贫困是市场机制失灵的一个领域，因此，政府的参与与引导成为必然。政府在扶贫开发中的主导作用主要体现在：创造有利于反贫困的宏观经济社会环境和条件；建立扶贫领导和协调组织体系；合理组织和安排社会资源，保证必要的财政投入；完善相关法律法规，为扶贫工作的有序开展提供必要的制度保障。

在政府的主导下，在一系列优惠和支持政策的激励下，贫困群体的内生发展动力得以激发，其发展和脱贫的自主性大大提高。改革开放以来，我国扶贫实践证明，扶贫成就的取得离不开广大困难群众的自力更生，他们通过自身的努力充分利用党和国家的有利政策，基本温饱问题已得到解决，将向着更加体面、更加美好的生活继续努力。因此，贫困群体事实上始终处于扶贫开发的主体地位。

社会参与扶贫则是具有中国特色的一种扶贫方式。广义上的社会扶贫主要包括政府组织和协调的带有再分配性质的社会扶贫，企业基于社会责任而参与的社会扶贫，非营利组织参与的社会扶贫。通过各种形式的社会扶贫，调动各类社会主体积极参与到扶贫开发进程中，共同为我国的扶贫开发事业贡献力量。总之，反贫困是一项复杂的系统性工作，它从来不是单一行业或者地区的问题，需要各部门和社会力量的共同参与。

2. 实行优惠政策，着力提高贫困地区和贫困人口的自我发展能力

改革开放以来，我国实施了一系列针对农村地区、落后贫困地区、贫困人口的优惠政策，如土地政策、税收减免政策、财政补贴政策等。通过提供政策优惠，一方面使贫困地区在发展过程中遇到的自然条件恶劣、经济社会发展基础薄弱等约束得以缓解，另一方面使其

发展环境得到改善，贫困地区以及贫困人口的自我发展能力得到提升，脱贫致富的积极性得以调动。

我国有学者就1978年至2018年发布的国家政策做过统计。"根据样本选取标准，从1979年改革开放之初至2018年3月初，国家层面共发布了289个与反贫困发展密切相关的政策文件。其中，2011年到2018年3月期间颁布的政策有128项，占据了政策文件总量的44.3%"[1]。这7年间反贫困政策数量急速上涨，接近总量的一半，足以反映出反贫困工作的重要性以及党和政府的重视程度，扶贫工作已经进入攻坚决胜阶段。

3. 坚持扶贫创新，不断改进扶贫方式

扶贫开发成就的取得还取决于党和政府能够根据扶贫形势、贫困特点和国家发展战略调整等，适时创新和完善扶贫战略和扶贫方式，不断提高扶贫的有效性和针对性。从依靠经济增长引致减贫到精准扶贫、精准脱贫战略的飞跃，从救济式扶贫到开发式扶贫与社会保障联合的方式转变，从单一手段扶贫向多措并举综合扶贫的转变等，均体现了我国扶贫战略的重大转变，说明我们党和政府始终围绕发展进行扶贫制度设计，始终以开放的态度推动扶贫政策和制度的运行，这更是我国强大的制度优势在扶贫开发领域的有力体现。

四、当前中国加速推进反贫困进程的重要意义

党的十八大以来，党和国家将脱贫攻坚摆在重要的战略层面。致力

---

[1] 王超，刘俊霞. 中国扶贫改革四十年的伟大历史进程——基于1979—2018年中国反贫困政策的量化分析［G］. 国务院扶贫办. 人类减贫史上的中国奇迹——中国扶贫改革40周年论文集. 北京：中国出版集团研究出版社，2018：62.

于缓解和消除贫困，提升人民生活水平，这体现了党和国家一心为民的初心和社会主义的本质要求，体现了带领全国人民一同步入小康社会的决心和力度，将为全面实现乡村振兴打下坚实的基础。

（一）中国特色社会主义本质的有力体现

共同富裕是中国特色社会主义的根本原则。改革开放以来，我国人民群众的生活水平有了很大提高，但眼下仍存在大量低收入群体，尤其在广大的偏远农村地区，生产条件落后，生活水平较低，贫困发生率更高，贫困程度更深，与中高收入群体有明显的差距。在广大的贫困农村地区，我国社会主义制度的优越性得不到体现，这是与我们的根本原则不相符的。因此，加速推进反贫困进程，支持贫困地区和贫困群体脱贫致富，最终实现共同富裕，是我党坚持全心全意为人民服务根本宗旨的重要体现，是人民政府的重大职责所在。

（二）全面建成小康社会的最艰巨任务

习近平总书记多次强调："小康不小康，关键看老乡。关键在贫困的老乡能不能脱贫"[①]。农业还是"四化同步"的短腿，农村还是全面建成小康社会的短板，农民尤其是贫困地区的农民生活水平有待提高。很大意义上，全面建成小康社会目标能不能如期实现，要看扶贫攻坚工作是否能够推动欠发达地区实现小康。通过进一步加大对欠发达地区和贫困农村的扶持力度，逐步缩小城乡区域发展差距，促进城乡区域共同繁荣，以有力举措、切实行动，深入实施精准扶贫、精准脱贫，提高扶贫各个环节的精准度，让困难群众真正得到实惠，从而保证全国人民一

---

① 习近平. 在中央农村工作会议上的讲话（2013年12月23日）[G]. 十八大以来重要文献选编（上）. 北京：中央文献出版社，2014：658.

同步入小康社会。

(三) 实施乡村振兴战略的重要基础

中国要强，农业必须强；中国要美，农村必须美。党的十九大作出实施乡村振兴战略的重大决策部署，这是我国当前"三农"工作的总抓手，也是我国乡村治理现代化的发展方向，更是决胜全面建成小康社会、全面建设社会主义现代化国家的重大历史任务。2018年1月，中共中央、国务院发布了《关于实施乡村振兴战略的意见》，明确了乡村振兴战略实施的总体目标、基本原则、具体任务、保障支持等各个方面的内容，成为战略实施的重要引领。目前，我国正处于脱贫攻坚的关键时期，贫困地区乡村振兴的主要任务就是脱贫攻坚。贫困农村脱贫致富将为实现乡村振兴奠定必要的基础，而乡村振兴战略的全面实施将进一步巩固脱贫成果，最终实现农业强、农村美、农民富的美好愿景。因此，脱贫攻坚与乡村振兴体现了党和国家治理思路的承前启后。乡村振兴相关支持政策明确要优先向贫困地区倾斜，补齐基础设施、基本公共服务、产业融合发展等方面的短板，统筹衔接好脱贫攻坚与乡村振兴两大战略任务。

五、本章小结

扶贫开发工作是一项系统性、发展性的工作。在不同的历史文化、社会环境和经济形势下，贫困有着不同的外延边界，致贫原因也不断变化，扶贫实践也会面临不断出现的新任务和新挑战。因此，必须以发展的思路和创新的战略来应对扶贫实践中出现的各项新任务、新挑战，从而在人类的反贫困进程中取得更大的持续进步。我国改革开放以来的扶贫开发历程也表明，只有以发展的思维和办法才能应对复杂多变的现实状况，经济发展、社会事业发展在内的发展为扶贫开发的顺利实施奠定了必要的基础；随着新形势、新挑战的出现，不断调整和发展的政府规划，为扶贫开发的推进提供了必要的政策环境。因此，在脱贫攻坚的关键阶段，我国扶贫开发的各类主体仍需围绕发展这一主题推进各项实践，采用超常规的办法和措施，为扶贫开发工作的开展做好长远的谋划。

第三章 金融扶贫及其与普惠金融的关系

金融体系是人类社会的一项重要发明,但人类对这一体系的塑造还远没有结束。在这一塑造过程中,重要的是"对金融体系进行扩大化、民主化和人性化的改造,直到未来某一天我们能够看到各类金融机构在普通民众的生活中更常见,它们产生的影响也更积极"①。对金融体系进行扩大化、民主化和人性化的改造,意味着要拓宽金融服务的边界,使所有想要获得金融服务的群体都有权利去获得,并最终实现人类福祉的最大化。这是"好的金融"的体现,它能够为我们塑造一个更加公平、公正的世界。

金融扶贫是金融体系对人类社会产生积极影响的一个重要方面,即金融通过发挥其核心功能,将资源配置到社会的薄弱环节,推动欠发达地区、小微企业、低收入群体发展。普惠金融旨在为有金融服务需求的社会各阶层和群体提供适当、有效的金融服务,其理念和实践天生带有扶贫救弱的性质,与金融扶贫实践一脉相承。探索普惠理念下的金融扶贫既顺理成章,又具有重大的现实意义。本章将从探讨金融扶贫的内涵入手,研究金融扶贫的作用机制,分析普惠金融与金融扶贫之间的区别和联系,以及如何在普惠金融体系的构建过程中更好地开展扶贫工作等

---

① 席勒. 金融与好的社会 [M]. 束宇,译. 北京:中信出版社,2012:3.

一系列问题。

一、金融扶贫提出的历史渊源与现实背景

金融体系作用于反贫困已成为国际共识，并在许多发展中国家被实践证明是有效的扶贫方式之一。自新中国成立以来，尤其是改革开放以来，发展经济、改善人民的生活水平始终是党和政府关注的重点，尤其是改善处于社会最底层的广大贫困群体的生活水平。扶贫工作始终是党和国家的施政要点。在长期的扶贫开发探索和实践中，为提高扶贫成效，党和政府不断探索和创新扶贫手段，调动一切可以调动的资源和能量。而金融扶贫始终是推进中国扶贫开发的一项政策手段和有效工具。从20世纪80年代开始实施扶贫贴息贷款到90年代开始在扶贫试点项目中引入由国际非政府组织主导的小额信贷，再到现在全面的金融扶贫政策的逐步形成，金融扶贫与我国扶贫开发的各项政策共同发力，使得中国在反贫困实践中取得了举世瞩目的成就，并为世界的反贫困进程做出了突出贡献。

党的十八届五中全会提出到2020年完成脱贫攻坚的庄严承诺。然而，经济的高速增长、改革的持续深入和扶贫实践的不断发展，使得我国的贫困特征发生了新的变化，新的问题和挑战不断出现，突出表现在贫困结构复杂多维，致贫原因多种多样，集中连片特殊困难地区发展滞后，剩下的贫困人口贫困程度较深、减贫成本更高、脱贫难度更大，相对贫困问题凸显，返贫现象时有发生。显然要兑现党对人民的这一承诺，仅仅依靠传统的思路和办法，无法应对问题层出不穷的新局面。因此，必须根据贫困现状的发展适时调整和优化扶贫政策，加大扶贫投

入，创新扶贫方式，推动中国扶贫事业取得持续的成就。

金融作为现代市场经济的核心，具有强大的资源配置功能，在推动经济社会发展的同时理应发挥其在扶贫领域的潜能。有效引导金融充分参与和支持精准扶贫实践，将助力精准脱贫目标的如期实现。事实上，金融作为一种支撑手段始终在发挥作用。2015年，中共中央、国务院公布了《关于打赢脱贫攻坚战的决定》，作为我国当前扶贫工作的整体规划，明确提出要加大金融扶贫力度。随后，金融系统相继出台了各类办法和意见，在改进和提升扶贫金融服务、增强扶贫金融服务的精准性和有效性方面做了大量的工作。

二、金融扶贫的多层次含义

金融扶贫，从宏观与微观、理论与实践等不同角度来对其加以审视，可以得出不同的理解与认识。具体分解，金融扶贫的含义主要包含以下几个层面。

（一）金融扶贫是金融功能在扶贫领域的体现

在理论层面上，金融扶贫就是以资源配置为核心的金融功能在反贫困领域的体现和发挥，即金融能够在该领域发挥其积极作用，这是理解金融扶贫的基本出发点和最终落脚点。

功能主义作为金融发展理论的一个重要视角，其关键性基础要素是将金融的功能而非特定的金融机构作为概念性的"安全基石"；这一基石主要依赖于两个前提：一是金融功能比金融机构更加稳定，二是金融机构的形式以功能为指导。以兹维·博迪和罗伯特·默顿为代表的经济学家，从金融体系有效资源配置这一根本性功能出发，构建了理解金融体系怎样运作，以及怎样随时间变化的统一的概念性框架，并对由金融体系执行的六项功能进行了区分，分别是：跨期、跨国界、跨行业转移经济资源，风险管理，清算支付和结算支付，归集资源并细分股份，提供信息以及设法解决激励问题[①]。

对金融扶贫概念的理论阐释，首先应该从功能主义视角出发，即金融作为一种强大的资源配置手段，能够将优势资源配置到经济社会发展的薄弱环节、欠发达地区或低收入群体手中，从而缓解影响贫困地区或低收入群体在发展中遇到的资金约束，达到缓解甚至消除贫困的有效作用。具体来说，金融扶贫需要满足三个层面的资金需求：一是贫困地区加强基础设施建设、完善公共服务的资金需求，包括交通、水利、教育、医疗、卫生等事业；二是产业发展的资金需求，主要包括涉农产业的发展和创新，实现金融支持与产业发展相结合；三是兼有劳动能力和还款意愿的贫困家庭或个人用于发展性生产经营活动以及教育、医疗等人力资本发展的需求。这三个层面上的反贫困资金需求，仅仅依靠财政资金的支持难以弥补其巨大的需求缺口，必须凭借金融的力量来扩展资金渠道，扩大资金规模。因此，金融体系在反贫困领域大有可为。

（二）金融扶贫是实现脱贫攻坚目标的重要政策保障

在政策层面上，金融扶贫是如期实现攻坚脱贫目标的重要政策保障。扶贫领域不仅存在着明显的市场失灵，如果政策引导不足、政府行为不力，还有可能产生明显的政府失灵。从这个角度来理解，金融扶贫就是党和政府脱贫攻坚决心和目标实现的一系列政策支撑。

"十三五"时期，为实现全面建成小康社会的宏伟目标，我国将脱

---

① 博迪，默顿，克利顿. 金融学 [M]. 曹辉，曹音，译. 北京：中国人民大学出版社，2013：27.

贫攻坚放在了国家重要的战略层面。然而，随着经济的增长、改革的深入和扶贫实践的不断发展，中国贫困人口在数量、分布、结构和导致贫困的原因等各个方面的特征都发生了很大变化，新的问题和挑战不断出现。面对新的问题和挑战，党和政府适时对扶贫政策做出调整和优化，加大扶贫投入，创新扶贫方式。2015年发布了《关于打赢脱贫攻坚战的决定》，作为新时期扶贫工作的整体规划，明确提出要加大金融扶贫力度，强化金融扶贫政策保障和重要支撑作用。随后，金融系统相继出台了各类办法和意见，将金融扶贫政策贯穿于经济社会发展的各个方面，全面提升金融作用于反贫困的精准性和有效性。

（三）金融扶贫是拓宽金融服务领域、丰富金融产品和服务的创新点

2017年7月，习近平总书记在第五次全国金融工作会议上着重强调："金融要把为实体经济服务作为出发点和落脚点，把更多金融资源配置到经济社会发展的重点领域和薄弱环节；各类金融机构要加快转变经营模式，做优主业，做精专业，加强对小微企业、"三农"和偏远地区的金融服务，推进金融精准扶贫。"[1] 由此可见，为薄弱环节和弱势群体提供金融服务本就应该成为金融机构的一部分业务内容。在金融市场日益激烈的竞争中，金融机构能否主动拓宽业务领域，提供形式多样的产品和服务，关系到能否抢占竞争的先机。在广大的农村地区，蕴藏着巨大的市场潜力；而且，在金融扶贫的过程中，金融机构通过与贫困人口之间的业务互动，可以建立起自身品牌的知名度和潜在优质客户的

---

[1] 新华社评论员文章. 做好金融工作，服务经济发展——学习贯彻习近平总书记在全国金融工作会议上的重要讲话［N］. 新华网，2017 - 07 - 15 ［2019 - 05 - 20］. http://www.xinhuanet.com/2017 - 07/15/c_1121324916.htm.

忠诚度。因此，在金融业务与实践层面上，金融扶贫是金融机构拓宽业务领域、丰富金融产品和服务的重要着力点和创新点。

三、金融扶贫的作用机理

（一）金融作用于反贫困的间接机制

宏观层面上，金融体系作用于反贫困主要是通过金融发展以改善宏观经济环境、实现经济持续增长、稳定就业、促进市场有序运行、提高资源配置效率、实现收入有效分配、加强地区经济建设、完善基础设施和公共服务等途径为贫困的缓解提供基础前提，这是金融作用于反贫困的间接机制。

1. 金融发展与贫困减缓关系的理论争议

金融发展与贫困减缓一直是理论界和政策制定者关注的一个重要议题。在现有的研究中，针对两者的关系主要存在两种观点。第一种观点认为，金融发展可以通过促进经济增长、优化收入分配等作用于反贫困，分别为金融发展的增长效应和分配效应。戈德史密斯（Goldsmith，1969）在其著作《金融结构与金融发展》中首先提出并系统分析了金融结构理论，使用35个国家104年（1860年—1963年）的跨国数据对金融发展与经济增长的关系进行了实证分析，研究表明：金融发展与经济增长是同步发生的，经济的迅速增长总是伴随着金融的快速发展，而经济增长能够通过"涓滴效应"推进贫困的减缓和消除，即经济发展的利益最终会通过地区经济增长、提供就业、提升收入水平等惠及落后地区和困难群体，带动其脱贫致富。之后，李等人（Li et al.，1998），亚吉边和柯克帕特里克（Jalilian & Kirkpatrick，2001），戴利和阿克特

（Daly & Akhter，2010）等通过跨国数据的研究，分别验证了以上结论。我国学者苏基溶和廖进中运用系统的广义矩（GMM）估计方法，对我国金融发展与收入分配和贫困的关系进行的研究表明：中国的金融发展使得贫困家庭收入的增长率快于人均 GDP 的增长率，贫困家庭的收入增长大约有 69% 是由于金融发展的增长效应所致[1]。之后，又有学者分别选取金融发展规模和金融发展效率作为金融发展指标，得出"金融发展可以通过经济增长、收入分配途径提高穷人的收入水平"[2] 的结论。

另一种观点认为，金融发展的红利首先惠及掌握金融资源的少数群体，从而进一步扩大了收入的分配差距，导致相对贫困现象更加突出，不利于贫困的减缓和消除。持该观点的一些国内学者（章奇等，2004；姚耀军，2005；杨俊等，2006）研究认为：中国的金融发展扩大了收入分配差距，扶贫作用有限。

综合以上两类观点，其分歧在于：金融发展是扩大了还是缩小了收入分配的差距；进而，金融发展是有利还是不利于贫困的减缓。但是，可以达成共识的是：金融发展与经济增长相互促进，经济增长是致力于反贫困的前提和基础。保持持续、适度的宏观经济增长，可以为反贫困目标的实现创造有利的环境条件。

2. 发展中国家的实践印证

来自一些发展中国家的经验数据表明，经济增长虽然不必然导致贫困的减少，但是，没有持续、适度的经济增长，反贫困战略便失去可持

---

[1] 苏基溶，廖进中. 中国金融发展与收入分配、贫困关系的经验分析——基于动态面板数据的研究 [J]. 财经科学，2009（12）.
[2] 崔艳娟，孙刚. 金融发展是贫困减缓的原因吗？——来自中国的证据 [J]. 金融研究，2012（11）.

续的基础和前提。因此，对于大多数发展中国家而言，反贫困的首要任务是发展经济，经济增长对于反贫困的作用非常明显。以中国的经济增长与贫困减缓为例，中国的经济增长过程与贫困人口的减少过程基本同步，国家经济的长期高速增长，为扶贫开发的推进提供了良好机遇。1978年以来，从不同时期中国经济增长速度与贫困人口减少的规模来看，二者之间存在很强的相关性。我国人均国内生产总值在保持较高增长率的同时，农民人均收入水平也有了较大的提高，贫困人口年均减少也相当可观（见表3-1）。

表3-1 中国经济增长与贫困减缓的关系

主要指标	1978—1980年	1980—1985年	1985—1990年	1990—1995年	1995—2000年	2000—2005年	2005—2010年	2010—2014年
贫困人口年均减少（万人）	249	2 088	50	2 077	1 848	3 512	2 419	2 388
人均国内生产总值年均增长率（%）	6.3	9.2	6.3	11.0	7.6	9.1	10.7	7.5
农民人均纯收入年均增长率（%）	17.9	14.1	3.0	4.3	4.7	5.3	8.9	10.1
万元GDP减少贫困人口（人）	0.84	3.71	0.08	1.28	0.97	1.05	0.38	0.43

数据来源：国家统计局住户办公室. 中国农村贫困监测报告（2015）[M]. 北京：中国统计出版社，2016：10.

3. 如何促进经济增长

发展经济学家认为，处于发展初期的一些国家和地区，由于劳动力很少与资本一起工作，劳动的人均产出较低，从而带来了低收入，产出不足，人们无法储蓄。储蓄的缺乏意味着没有钱投资，特别是没有资金用于更新的、更有生产力的技术；没有投资和技术进步，生产率停滞不前，收入也持续保持在低水平上；因此，贫困便进入了一个恶性循环。由于贫困的恶性循环，经济进步可能很困难。这一恶性循环的逻辑不仅适应于一个国家或地区的发展，同样适应于家庭或个人的成长。反贫困的一个重要途径就是找到一种方法来跳出甚至打破这个恶性循环。资本的投入无疑是一个重要突破口。

金融深化理论认为："经济中的金融部门与经济发展息息相关，金融机制会促使被抑制经济摆脱徘徊不前的局面，加速经济的增长；但是，如果金融领域本身被抑制或扭曲的话，那么，它就会阻碍和破坏经济的发展"[1]。这一观点为世人理解金融与经济发展的关系提供了一个全新的视角。无论我们如何构想经济发展，没有资本的增长和生产力的提高，发展就无从谈起。因此，资本对增长和发展至关重要，想要促进经济增长和发展，必须确定好利用资本的最佳方法。

党的十八大以来，我国金融业取得了长足进展，金融产品日益丰富，金融服务普惠性增强，金融改革有序推进，金融体系规模快速扩张，服务实体经济的能力稳步提升。党和政府对于金融发展问题给予了高度关注，尤其是关于金融与经济关系的认识持续深入。在2017年全国金融工作会议上，习近平总书记着重强调了金融与经济共生共荣的关系，并做出了"金融活，经济活；金融稳，经济稳。经济兴，金融兴；经济强，金融强"的论述。这对于理解新时代金融与实体经济的关系有着重要的引领和启发意义。经济之于金融，是第一性的，经济是决定金融是否兴、是否强的基础性因素；金融之于经济，是第二性的，金融对于经济的发展具有辅助、服务和盘活的作用，两者共生共荣。

---

[1] 爱德华·肖. 经济发展中的金融深化[M]. 邵伏军，许晓明，宋先平，译. 上海：格致出版社，2015：1.

4. 金融间接作用于反贫困的方式

金融对于反贫困的间接作用主要基于两种理论基础：一是金融深化理论，即规模扩张与效率提升所实现的金融深化，有助于促进经济的发展，实际上体现的是金融与经济的关系；二是经济发展的"涓滴效应"理论，即经济的持续发展能够为所有地区和群体带来社会福利，体现的是经济增长与贫困减缓的关系。在具体的发展实践中，一国或地区的经济增长确实为贫困的减缓和消除提供了必要的物质基础和前提，金融作用于反贫困的方式主要是通过发展金融促进经济增长，完善欠发达地区的基础设施和基本公共服务，改善宏观经济环境，优化产业布局，增加就业规模，促进收入增长，从而带动脱贫。

改善宏观经济环境，优化地区产业布局，为贫困的缓解奠定基本的物质基础。产业发展良好的地区，贫困现象越少出现，而且针对贫困人口的扶持政策落实比较到位。以我国东南沿海经济较发达的鲁、苏、浙等省份为例，绝对贫困现象基本消除，分散在各地的贫困现象主要是因病因灾致贫，扶贫主要是"插花式扶贫"，即解决分散在不同区域内的少数贫困人口的贫困问题。基于良好的产业基础，地方政府与企业之间签订协议，政府大力扶持当地的中小微企业，企业的发展不仅可以为当地带来稳定的就业渠道，还可以通过将企业利润直接反哺个别丧失劳动能力的困难群体的形式来带动脱贫。这样既提高了地方的人均收入水平，还大大减轻了地方政府用于扶贫的财政负担，保证经济效率的同时使得扶贫实践更具稳定性和持续性。

促进市场有序竞争，提升资源配置的有效性。通过金融发展推动要素市场（包括劳动力市场和产品市场）有序运行，实现市场的公平竞争，形成流畅、完善的资源配置体系，为穷人提供更多的选择或创造更多的经济机会,以帮助其摆脱贫困。而致贫的一个重要原因就在于经济机会的缺乏。比如,通过降低金融准入门槛,放宽业务限制,鼓励金融行业内竞争从而使贷款利率走低,这样更有可能帮助困难群体获得较低成本的信贷资源,从而让拥有好创意的困难群体能够获得融资支持以创造财富。此外,获得公平的经济机会也可以缩小不同群体间的收入差距。

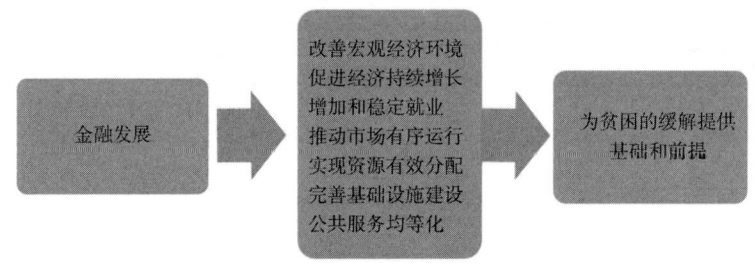

图 3-1 金融作用于反贫困的间接机制

(二) 金融作用于反贫困的直接机制

金融资源作为现代市场经济中的核心资源,如何将其配置到各类主体手中,关系到市场的效率和公平。缓解贫困属于资源配置的公平问题,因此金融作用于反贫困的首要问题就是如何将金融资源扩展到大部分人群,尤其是困难群体,这是金融扶贫的直接作用机制。具体来说,包含以下几个方面:

1. 金融扶贫的政策体系

具体到中国实践,金融扶贫是中国扶贫政策的重要组成部分,与其他扶贫政策和手段配合共同发挥作用,引导各类资源投向困难群体。具体来说,主要包括惠及困难群体的货币政策、信贷政策、财税支持政策等。2015 年印发的《关于打赢脱贫攻坚战的决定》,将金融扶贫作为扶贫攻坚支撑体系的重要支柱，在资金安排、利率确定、资金来源、覆盖范围、保障机制等方面都做出了政策安排。为落实这些新的政策安排，2016年3月，中国人民银行等七部委印发了《关于金融助推脱贫攻坚的实施意见》，对以上政策进行了进一步的延伸，并制定了具体的实施细则。我国关于金融扶贫的政策体系基本形成，将为金融扶贫实践的向前发展提供重要的指引作用。

2. 普惠的金融产品和服务

在很多情况下，一笔小小的贷款也许能够改变穷困人口的境况。如果他们能够被纳入金融市场，获得包括安全可靠的储蓄服务、专为贫困人口及小微型企业设计的贷款、保险及支付服务等一系列金融产品和服务，这无疑能够帮助他们获得资本、管理风险、提高收入，并最终走出贫困。

完善金融产品和服务方式的一个重要方面就是将金融资源扩展到大部分人，让更广泛的社会群体获得普惠的金融产品和服务，从而提高贫困人口的自我发展能力。自20世纪90年代中期以来，我国推行金融改革，出台了一系列有效改善中小企业和贫困家庭融资环境的信贷政策。通过为贫困家庭或贫困群体提供信贷服务以解除其信贷约束，有助于解决他们的资金困难并投资于新技术，使用更好的机器、工具和原料等，从而提高生产效率；还有助于提高贫困群体的受教育水平和健康水平，提高其人力资本水平，从而增大其摆脱贫困的可能性。另外，普惠的金融服务通过放宽金融市场对贫困群体的信用限制帮助其抵御收入不稳定带来的风险，从而提高其预期收入；同时，还可以平滑贫困群体的消费，提高他们应对外来冲击的抗风险能力，降低其脆弱性，从而减少贫困。

3. 发展金融教育，提高人力资本效率

人力资本理论最早是由舒尔茨在 20 世纪 60 年代提出，该理论创新性地将资本划分为物质资本和人力资本。应用于贫困领域，即认为贫困的根本原因在于人力资本的匮乏，是缺乏健康、教育、专业知识和技能等高质量人力资本投资的结果。人力资本是最重要的资本，因此，反贫困的一项重要战略就是通过保证能力的平等来实现机会的均等，提升个人的能力，使他们有能力去追逐生存和发展的机会，摆脱贫困。具体来说，就是将贫困者本身作为最重要的资本进行培育和投资，改善他们的健康状况，提高其受教育水平和劳动技能，帮助其进入并适应劳动力市场，提高个人收入，摆脱贫困。

因此，金融直接作用于反贫困的一个重要途径就是金融资源与人力资本发生合力。一方面，可以加大对于贫困地区基础教育、基本公共医疗服务的资金投入，推动贫困地区人力资本水平的整体提升；另一方面可以将金融资源直接分配给困难家庭或个人，缓解其在教育、医疗方面的资金约束，如助学贷款等，加大人力资本投入，从而助推其跳出贫困的恶性循环。将金融资源用于人力资本投资能够通过提升个人自我发展能力，实现自主脱贫，这也与我国"扶贫先扶智"的扶贫思想是吻合的。

三、金融扶贫与普惠金融的关系

普惠金融是在机会平等、商业可持续的原则下，以合适的价格为有金融服务需求的社会各阶层和群体提供适当、有效的金融服务，重点支持小微企业、农民、城镇低收入人群、贫困人群和残疾人、老年人等特

殊群体。普惠金融既是一种金融发展理念，也是一种金融服务格局。普惠金融的发展能够推进金融体系的扩大化、民主化和人性化，从而实现现实中的"好的金融"。金融扶贫则是要通过特殊的政策支持，推动金融机构的改革和发展，提供多元的金融产品和服务，缓解贫困地区和贫困群体发展的资金约束，助力实现脱贫致富。从两者的定义和具体的实践可以得出，金融扶贫和普惠金融既有区别也有联系。

首先，两者的服务对象有所差异，但高度一致。普惠金融旨在让每一个有金融服务需求的人，都能以合适的价格获得相应的服务，强调"有需求，即满足"，其服务范围更加广泛。但当前我国发展普惠金融的重点就是支持小微企业、农民、城镇低收入人群、贫困人群和残疾人、老年人等特殊群体。而金融扶贫正是要解决贫困地区和贫困人口脱贫致富的资金约束。因此，两者都聚焦于部分特殊群体。

其次，两者主导力量的侧重不同，但均强调发挥合力。普惠金融更加强调"市场主导"，推动市场在金融资源配置中发挥决定性作用，通过合理的体制机制，为企业和个人提供机会平等的金融服务。金融扶贫则更加强调"政府引导"，合理设计金融工具和金融机制，鼓励和引导各类金融机构加大对扶贫开发的金融支持力度。虽然两者依据力量的侧重有所不同，但在具体的实施中都应充分调动各方面的积极性和主动性，打通各方共同发力的有效渠道。如两者均主张通过市场化的手段提供金融产品和服务，对各类参与主体实行必要的激励。

最后，两者的最终目标不同，但在目标实现过程中的着力点相通。普惠金融的建设目标在于构建与全面建成小康社会相适应的普惠金融服务和保障体系，从而能够为所有人提供优质、高效、可负担的金融服务，这是金融发展的未来方向。金融扶贫的目标则是为打赢脱贫攻坚战提供有力的金融支撑,确保到 2020 年实现脱贫攻坚目标。两者的最终目标具有较大的差异,但目标的实现均可以通过金融机构提高金融服务网点覆盖率、金融服务可得性和金融服务满意度等方式来实现,因此,从现实发展来看,两者有着共同着力点。

总之,无论是金融扶贫还是普惠金融,都是国家金融体系的组成部分,两者有着相通的参与主体、服务对象和发展着力点,两者的推进都有助于弥补由于金融供给结构失衡导致的需求缺口,实现金融资源的供求平衡。当前,我国金融扶贫工作的重点就是大力发展普惠金融,普惠金融的发展和普及能够使金融扶贫工作的开展更加顺畅,而金融扶贫的顺利开展能够帮助贫困地区和贫困人口尽快脱贫,进而真正构建起惠及所有人群的普惠金融体系。

四、本章小结

金融扶贫是我国实现脱贫攻坚目标的一项基本保障政策,它是金融服务实体经济发展这一功能的本源回归,通过拓展金融服务覆盖范围、提供个性化的产品和服务,发挥金融对于精准扶贫的支持作用。

金融体系可以直接或间接作用于反贫困领域。直接作用机制在于通过金融扶贫政策体系、普惠的金融产品和服务、金融资源与人力资本发生合力等惠及贫困地区或贫困人口,为地区发展或贫困人口从事生产性经营活动、人力资本发展提供可供选择和利用的金融资源,从而跳出贫困的恶性循环。直接作用机制最重要的意义在于为贫困群体提供接近金融资源的机会和权利。间接作用机制在于通过金融发展促进经济增长,稳定就业,完善基础设施建设,实现基本公共服务的均等化等,带动贫困地区或困难群体脱贫致富；间接作用机制最重要的意义在于为反贫困实践提供必要的物质基础和前提。要同时发挥好金融作用于反贫困的直接机制和间接机制，推动世界范围内的反贫困实践取得更大成就。

普惠是一种理想的社会状态。要实现这样一种状态，各国需要通过各种不同的渠道将多元化的金融服务提供给不同的客户，而目前这些客户中的大多数被排斥在传统的金融服务体系之外。普惠金融天生带有扶贫救弱的性质，因此，我国当前开展金融扶贫的重点就在于构建普惠的金融体系，实现两者的共同发力。

第四章　金融扶贫的中国实践

我国的金融扶贫实践贯穿于整个扶贫开发的进程中，并随着扶贫开发的推进、现实贫困状况的改变以及扶贫理论的发展而不断推进。从早期的扶贫贴息贷款，到小额信贷，再到现在金融精准扶贫政策和实践的全面铺开，我国的金融扶贫在不断的摸索中逐渐完善，有关金融扶贫的政策体系更加全面，开展金融扶贫的思路和具体方式更加多样。然而，我国的金融扶贫在当前的实践中仍存在许多问题，既涉及政策体系的问题，也包括金融市场主体的问题；既涉及金融基础设施的不足，也包括具体金融产品和服务的缺乏。本章将梳理我国有关金融扶贫政策的历史演变，归纳目前主要的金融扶贫方式，寻找在金融扶贫实践中存在的主要问题，结合金融扶贫的典型案例，就我国金融扶贫政策和实践的进一步完善进行深入探讨。

一、中国金融扶贫政策的历史演变

（一）扶贫贴息贷款政策

扶贫贴息贷款是由我国政府主导的规模最大、持续时间最长且至今仍在使用的金融扶贫工具。1986 年，我国开始实施了大规模的扶贫开发战略，为支持扶贫真正体现开发特性，国家安排扶贫贴息贷款用于支持贫困地区和贫困人口的生产活动，主要帮助发展以市场为导向的种养加项目（种植业+养殖业+加工业），以产业发展促农户增产增收。最初的扶贫贴息贷款由中国农业银行（以下简称农行）经营管理，主要在微观层面展开，经历了从将贷款直接发放给贫困户到发放给企业的转变。1993年底的金融体制改革提出，"中央银行要办成真正的中央银行，商业银行要办成真正的商业银行"。农行在商业化改革的道路上持续深入，却与地方政府、扶贫部门在贷款项目的选择和分配上分歧越来越多，加之企业的还贷情况较差，扶贫贴息贷款并没有达到预期的扶贫效果。

1994年，国家开始实施"八七扶贫攻坚计划"，与这一时期的银行业改革相对应，要将商业银行办成真正的商业银行，就必须设立政策性银行，于是中国农业发展银行（以下简称农发行）应运而生，并承担起管理扶贫贴息贷款的职能。由于最初农发行未在县及县以下设置营业机构，扶贫贷款的收放贷工作委托农行负责，这无疑增加了监管的环节，使得监管成本提升，贷款的扶贫效果持续恶化。"1998年，扶贫贴息贷款的管理职能再次转到农行，转回的扶贫贷款中不良贷款率高达70%"[①]。

2001年6月，国家发布了《中国农村扶贫开发纲要（2001—2010年）》，继续将扶贫贷款作为一项重要的扶贫工具，由农行作为贷款的发放主体，重点支持种养业、劳动密集型企业、农产品加工企业以及基础设施建设项目等，强调基础设施完善和产业发展对减贫的重要性。2008年，国务院扶贫办等四部门出台了《关于全面改革扶贫贴息贷款

---

① 吴国宝. 中国农村贫困户信贷服务研究［R］. 中国国际扶贫中心委托课题报告，2007.

管理体制的通知》，鼓励各金融机构自愿参与扶贫贷款工作，按商业原则促进市场竞争；贷款集中用于带动贫困户增收的生产项目；资金管理权限下放至各地方，开展扶贫贴息贷款的方式更加灵活，如重庆市开县和河北省易县试点通过扶贫小额信贷机构发放扶贫贴息贷款等，进一步提高了扶贫资金的运行效率。

2011年以后，扶贫贴息贷款政策逐步完善，与促进"三农"发展的财税、金融、监管等政策协调配合，对接精准扶贫的其他支持政策，构成了综合性的金融扶贫政策体系。

（二）小额信贷扶贫政策

20世纪80年代初，一些国际援华项目以及民间组织开始在中国尝试以小额信贷促进减贫，这些项目基本上是公益性的。例如，1981年，来自香港的非政府组织"乐施会"开始在云南草海尝试小额信贷扶贫。有些机构或项目至今仍然存在，影响比较大的有联合国开发计划署（UNDP）的小额信贷项目，它对于促进中国的公益性小额信贷发展具有重要作用。

1998年，《中共中央关于农业和农村若干重大问题的决定》指出：总结推广小额信贷等扶贫资金到户的有效做法。随后，小额信贷项目逐步在各地开展试点。作为一项重要的扶贫项目，党和国家给予高度关注，先后出台了各类支持和鼓励政策，尤其是自2004年以来每年发布的中央"一号文件"[①]都明确提出支持小额信贷的发展。各地政府根据中央政府政策、结合当地实际引导小额信贷以多种形式落地。

在银行类金融机构中，主要有农行和农村信用社两家机构承担了发

---

① "一号文件"原指中共中央每年发布的第一份文件，现已成为中共中央重视"三农"问题的专有名词。

放小额信用贷款的业务。自 1999 年开始，农行自行直接办理小额信贷业务。2000 年，中国人民银行要求农信社参照孟加拉格莱珉银行（Grameen Bank，简称 GB）模式向农户提供联保贷款，实际上是保证贷款，五户一保。根据 2001 年印发的《农村信用合作社农户小额信用贷款管理指导意见》提出的"一次核定、随用随贷、余额控制、周转使用"的要求，直接向农户发放小额信用贷款。当时农信社发放的小额信贷主要有两种：一种是纯信用的小额信贷，另一种是联户联保信贷。

2005 年，中央一号文件提出：有条件的地方，可以探索建立更加贴近农民和农村需要、由自然人或企业发起的小额信贷组织。2005 年 12 月，人民银行决定开展"只贷不存"的商业性小额贷款组织试点工作，鼓励私人资本进入小额信贷市场。2006 年 5 月，国务院扶贫办、财政部联合发布《关于开展建立"贫困村村级发展互助资金"试点工作的通知》，开始在河北、山西、内蒙古、黑龙江等 14 个省、自治区启动"贫困村村级发展互助资金"的试点工作。2006 年 12 月，银监会批准村镇银行、贷款子公司、农村农民互助社成立。2008 年 5 月，银监会和人民银行联合发布《关于小额贷款公司试点的指导意见》，小贷公司的试点工作全面开启。

2014 年 12 月，国务院扶贫办等五部委联合印发了《关于创新发展扶贫小额信贷的指导意见》，鼓励建立并完善建档立卡贫困户个人信用档案，为建档立卡贫困户量身定做小额信贷产品，支持推广扶贫小额信贷保险等。2017 年，国务院扶贫办等五部门联合发布了《关于促进扶贫小额信贷健康发展的通知》，针对扶贫小额信贷使用过程中存在的资金使用不合理、贷款发放不合规、风险管理不到位等问题，提出了促进扶贫小额信贷业务健康发展的指导性意见，明确扶贫小额信贷就是为建档立卡贫困户量身定制的金融精准扶贫产品,其政策要点为:"5 万元以下、3 年期以内、免担保免抵押、基准利率放贷、财政贴息、县建风险补偿金"①。依据此政策要点,各地政府也出台了相应的政策措施,集中解决贫困群众贷款难问题。我国关于发展小额信贷的主要政策如表 4-1 所示。

表 4-1 我国关于发展小额信贷的主要政策

发布时间	文件名称	主要内容
1998 年	《中共中央关于农业和农村若干重大问题的决定》	总结推广小额信贷等扶贫资金到户的有效做法
2004 年	2004 年以来每年发布的中央"一号文件"	支持小额信贷的发展
2006 年 5 月	国务院扶贫办、财政部:《关于开展建立"贫困村村级发展互助资金"试点工作的通知》	我国在 14 个省、自治区启动了"贫困村村级发展互助资金"的试点工作
2008 年 4 月	人民银行、银监会:《关于村镇银行、贷款公司、农村资金互助社、小额贷款公司有关政策的通知》	就存款准备金管理、存贷款利率管理、支付清算管理、会计管理、金融统计和监管报表、征信管理、现金管理、风险监管等作出相关政策安排,以保证四类机构规范、健康、可持续发展
2008 年 5 月	银监会、人民银行:《关于小额贷款公司试点的指导意见》	
2014 年 12 月	银监会、财政部、人民银行、保监会、国务院扶贫办:《关于创新发展扶贫小额信贷的指导意见》	鼓励建立并完善建档立卡贫困户个人信用档案,为建档立卡贫困户量身定做小额信贷产品,支持推广扶贫小额信贷保险等

---

① 国务院扶贫办等. 关于促进扶贫小额信贷健康发展的通知 [G]. 中国政府网,2017-08-16 [2019-08-16]. http://www.cbrc.gov.cn/chinese/home/docView/B8E0832CC56B41D4AE9ACCCBC2750C20.html.

续表

发布时间	文件名称	主要内容
2017年7月	银监会、财政部、人民银行、保监会、国务院扶贫办:《关于促进扶贫小额信贷健康发展的通知》	扶贫小额信贷是为建档立卡贫困户量身定制的金融精准扶贫产品,其政策要点是"5万元以下、3年期以内、免担保免抵押、基准利率放贷、财政贴息、县建风险补偿金"

资料来源:中国人民银行、银保监会、国务院扶贫办门户网站。

(三) 全面的综合性金融精准扶贫政策的形成

2014年以来,党和政府将扶贫开发实践推进到精准扶贫、精准脱贫的新时期。在实践的摸索和发展中,中国金融扶贫融入经济社会发展的各个方面,尤其是"三农"事业发展的整体战略中。相应地,金融扶贫政策也逐步嵌入国家的财政、金融等综合配套政策体系之中,集中解决贫困群体的金融服务可得性问题,着力消除脱贫进程中的各方面障碍。由此,中国的金融扶贫政策更加全面,日臻完善。

1. 促进机会平等与共同发展的普惠金融政策

普惠的理念在金融扶贫实践发展之初便已现端倪,随着扶贫开发的推进和金融业的发展,普惠金融的发展思路和目标逐渐明确。2013年11月,十八届三中全会明确提出了"发展普惠金融"的目标。

2014年,人民银行等发布的《关于全面做好扶贫开发金融服务工作的指导意见》提出:到2020年,贫困地区基本实现金融机构乡镇全覆盖和金融服务行政村全覆盖,农村支付服务体系和完善的农村信用体系基本建成,农村金融生态环境进一步优化,金融服务水平接近全国平均水平，初步建成全方位覆盖贫困地区各阶层和弱势群体的普惠金融体系。这是我国关于建设普惠金融体系的初步规划。2015年12月，《推进普惠金融发展规划（2016—2020年）》正式公布，标志着我国一定时期内普惠金融发展的整体规划已经形成，将推动整个金融体系向着更加普惠的方向发展。

2. 全面、综合的金融精准扶贫政策

2015年11月，中共中央、国务院印发了《关于打赢脱贫攻坚战的决定》，对于我国如何打赢这场脱贫攻坚战进行了整体部署，在增加扶贫金融支持、降低资金成本、延长使用期限、拓宽资金来源渠道、延伸服务网络和创新金融产品等方面提出新思路，强化金融支持对于扶贫攻坚的支撑作用。

为落实这一决定精神，2016年3月，人民银行、国家发展改革委、财政部、银监会、证监会、保监会、国务院扶贫办联合出台了《关于金融助推脱贫攻坚的实施意见》，围绕"精准扶贫、精准脱贫"基本方略，以发展普惠金融为根基，从财税政策、货币政策、信贷政策、监管政策等各个方面提出了明确要求和具体规划，以推动贫困地区金融服务到村到户到人。2017年12月15日，中国人民银行、银监会、证监会、保监会发布《关于金融支持深度贫困地区脱贫攻坚的意见》，重点加强对深度贫困地区基础设施建设、产业发展和结构调整、农村就业和产业、生态环境保护等方面的金融服务支持，冲刺攻坚脱贫的最终胜利。至此，我国已形成完整的金融扶贫政策体系和顶层设计。参见表4-2。

表4-2　综合性的金融精准扶贫政策体系

发布时间	文件名称	主要内容
2013年11月	十八届三中全会会议公报	提出"发展普惠金融"的目标
2014年3月	人民银行、财政部、银监会、证监会、保监会、扶贫办、共青团中央：《关于全面做好扶贫开发金融服务工作的指导意见》	全面做好贫困地区的金融服务，到2020年使贫困地区金融服务水平接近全国平均水平，初步建成全方位覆盖贫困地区各阶层和弱势群体的普惠金融体系，金融对促进贫困地区人民群众脱贫致富、促进区域经济社会可持续发展的作用得到充分发挥
2015年11月	中共中央、国务院：《关于打赢脱贫攻坚战的决定》	强化金融支持对于扶贫攻坚的支撑作用，在增加扶贫金融支持、降低资金成本、延长使用期限、拓宽资金来源渠道、延伸服务网络和创新金融产品等方面提出新思路
2015年12月	国务院：《推进普惠金融发展规划（2016—2020年）》	到2020年，建立与全面建成小康社会相适应的普惠金融服务和保障体系，有效提高金融服务可得性，明显增强人民群众对金融服务的获得感，显著提升金融服务满意度，满足人民群众日益增长的金融服务需求，特别是要让小微企业、农民、城镇低收入人群、贫困人群和残疾人、老年人等及时获取价格合理、便捷安全的金融服务，使我国普惠金融发展水平居于国际中上游水平
2016年3月	人民银行、国家发展改革委、财政部、银监会、证监会、保监会、扶贫办：《关于金融助推脱贫攻坚的实施意见》	紧紧围绕"精准扶贫、精准脱贫"基本方略，全面改进和提升扶贫金融服务，增强扶贫金融服务的精准性和有效性
2017年12月	人民银行、银监会、证监会、保监会：《关于金融支持深度贫困地区脱贫攻坚的意见》	金融部门坚持新增金融资金优先满足深度贫困地区、新增金融服务优先布设深度贫困地区，力争2020年以前深度贫困地区贷款增速每年高于所在省（区、市）贷款平均增速，为深度贫困地区打赢脱贫攻坚战提供重要支撑
2019年5月	人民银行：《关于切实做好2019—2020年金融精准扶贫工作的指导意见》	引导金融机构加大信贷投放，促进金融支持与产业发展有效融合，聚焦深度贫困地区，扎实做好异地扶贫搬迁综合金融服务，提升金融体系普惠性，做好金融扶贫与乡村振兴金融服务政策衔接等

资料来源：中央人民政府、中国人民银行网站。

二、中国实施金融扶贫的主要方式

（一）有关金融扶贫的支持政策

由于金融扶贫服务和支持对象的特殊性，我国开展金融扶贫首先是依靠一系列的支持政策，包括财税政策、货币政策、信贷政策和监管政策等共同发力，在宏观层面上加强财政的结构性转移支付，实施差异性的监管政策，引导金融机构增加农村金融服务供给，建立起扶贫金融发展的长效机制。

1. 财税支持政策

财税支持政策主要包括财政补贴和税收优惠等政策，降低市场参与主体经营成本，调动各类主体参与扶贫攻坚的积极性。具体来说，支持脱贫攻坚的财政补贴政策主要包括财政贴息贷款、中央支持地方设立风险补偿基金、支持地方普惠金融发展的专项基金、鼓励政府担保机构发展、积极发展农业保险等。例如，2016年9月财政部印发了《普惠金融发展专项资金管理办法》，明确由中央提供专项资金，支持和引导地方政府、金融机构和社会资本进入普惠金融领域，且专项资金主要用于县域金融机构涉农贷款增量奖励、农村金融机构定向费用补贴、创业担保贷款贴息等。税收优惠政策，主要从支持贫困地区基础设施建设、推动涉农产业发展、激发贫困地区创业就业活力、推动普惠金融发展、促进"老少边穷"地区加快发展、鼓励社会力量加大扶贫捐赠等方面来实施。

在支持基础设施建设方面，对国家重点扶持的公共基础设施项目企业所得税实行"三免三减半",即自项目取得第一笔生产经营收入所属纳税年度起,第一年至第三年免征企业所得税,第四年至第六年减半征收企业所得税;此外,还涉及农村电网维护、农田水利建设、农民住宅建设、农村饮水工程等方面的税收优惠。在推动涉农产业发展方面,从优化土地资源配置、促进农业生产、支持新型农业经营主体发展、促进农产品流通、促进农业资源综合利用等方面给予税收优惠。在激发贫困地区创业就业活力方面,主要是对小微企业和重点群体创业就业实行税收优惠,包括增值税小规模纳税人销售限额内免征增值税、小型微利企业减免企业所得税、重点行业小型微利企业固定资产加速折旧、企业免征政府性基金、重点群体创业税收扣减等方面的优惠。

在推动普惠金融发展方面,对银行类金融机构、小额贷款公司、融资担保及再担保业务、农牧保险业务等不同类型的金融机构和不同的业务类别分别给予税收优惠。对于银行类金融机构,对金融机构农户小额贷款的利息收入,在计算应纳税所得额时,按90%计入收入总额;金融企业涉农和中小企业贷款损失税前扣除;中国农村信用社提供金融服务、中国农业银行三农金融事业部涉农贷款利息收入等可选择适用简易计税方法缴纳增值税。

对于小额贷款公司,对经省级金融管理部门批准成立的小额贷款公司取得的农户小额贷款利息收入,免征增值税;在计算应纳税所得额时,按90%计入收入总额;对其按年末贷款余额的1%计提的贷款损失准备金准予在企业所得税税前扣除。

对于融资担保及再担保业务,纳税人为农户、小型企业、微型企业及个体工商户借款、发行债券提供融资担保取得的担保费收入,以及为原担保提供再担保取得的再担保费收入,免征增值税。符合条件的中小企业融资（信用）担保机构有关准备金企业所得税实行税前扣除。

对于提供农牧保险业务的纳税人免征增值税。对保险公司为种植业、养殖业提供保险业务取得的保费收入，在计算应纳税所得额时，按90%计入收入总额。对订立农林作物、牧业畜类保险合同的双方纳税人免征印花税。以上针对各类金融机构的不同业务类型所实施的税收优惠政策，大大减轻了扶贫参与主体的税收负担，提高了其参与扶贫攻坚的积极性和主动性，有效促进了有关金融扶贫政策的落实和持续。此外，国家还通过定向费用补贴政策，鼓励金融机构解决农村基础金融服务薄弱问题。

2019年《政府工作报告》明确部署，要实施更大规模的减税，普惠性减税与结构性减税并举，让市场主体特别是小微企业有明显减税降费感受，这是对企业和社会承诺的兑现，是国家"减税降费"治理理念的一以贯之，对于各类市场主体，尤其是小微企业、涉农市场主体来说，大大降低了其经营成本，有助于整个市场活力的激发，更好地促进经济增长。

2. 货币政策

人民银行通过设立扶贫再贷款、差别化存款准备金等多种货币政策工具，鼓励和引导农村金融机构更多地将新增或者盘活的信贷资源配置到扶贫领域，从而为金融机构支持扶贫开发提供期限较长、成本较低的资金，调动金融机构参与扶贫的积极性。

（1）扶贫再贷款政策

再贷款是指人民银行对商业银行等金融机构发放的贷款，这是我国调节贷款流向的一个重要手段。2016年3月，人民银行创设扶贫再贷款，通过发挥扶贫再贷款的杠杆撬动作用，有针对性地增加贫困地区地方法人金融机构资金来源，对其扩大贫困地区涉农信贷投放进行正向激励，为脱贫攻坚战提供持续有力的金融支持。扶贫再贷款实行比支农再贷款更优惠的利率，在正常支农再贷款利率基础上下调1个百分点，贷款期限更长，其实际使用期限最长达到5年，使得地方法人金融机构支持脱贫攻坚的资金来源更加稳定。为提高金融资源的利用效率，人民银行明确扶贫再贷款的发放对象为连片特困地区、国家扶贫开发工作重点县，以及省级扶贫开发工作重点县辖内的农村商业银行、农村合作银行、农村信用社和村镇银行4类地方法人金融机构，优先支持建档立卡贫困户和带动贫困户就业发展的企业、农村合作社，重点支持贫困地区发展特色产业和贫困人口就业创业，充分发挥对贫困人口脱贫致富的带动作用。

目前，扶贫再贷款政策实施顺利，贷款增长较快，杠杆撬动作用明显，有力支持了贫困人口和带动脱贫的企业。未来，人民银行应进一步加强扶贫再贷款管理，优化贷款定价机制，探索建立贷款申请使用的评价和竞争机制，提高扶贫再贷款使用效率，充分发挥其结构性引导作用。

（2）差别存款准备金政策

存款准备金是指"金融机构为保证客户提取存款和资金清算需要而准备的资金，金融机构按规定向中央银行缴纳的存款准备金占其存款总额的比例就是存款准备金率"①。存款准备金制度已从最初为保证存款的支付和清算演变成为一项货币政策工具，通过调整存款准备金率，影响金融机构的信贷资金供应能力，从而间接调控货币供应量。

---

① 中国人民银行．存款准备金政策与制度［EB/OL］．http：//www.pbc.gov.cn/zhengcehuobisi/125207/125213/125434/125795/index.html．

中国人民银行运用差异化存款准备金政策加强金融对"三农"、小微企业等国民经济发展的重点领域和薄弱环节的支持，对农村地区法人金融机构实施较低的存款准备金率要求，以释放更多可贷资金，降低融资成本，增强金融服务实体经济能力。2003年以来，人民银行多次下调农村金融机构的准备金率，尤其对法人在县域的农村金融机构给予更大力度的支持。例如，2010年，人民银行对设在县域且一定比例存款投放当地的农村法人金融机构，再降低准备金率1个百分点。2014年，人民银行分别对县域农村商业银行和县域农村合作银行人民币存款准备金率下调2个百分点和0.5个百分点。参见表4-3。由于法人在县域的农村金融机构涉农贷款比例较高，对于"三农"的支持作用更加明显，对这些机构的准备金率进行结构性调整，能够有效增强其财务实力，发挥引导信贷资源更多流向"三农"和县域的正向激励作用。

表4-3 2014—2020年人民银行调整存款准备金情况统计

年份	具体时间	下调比例
2014年	4月25日	下调县域农村商业银行人民币存款准备金率2个百分点，下调县域农村合作银行人民币存款准备金率0.5个百分点
	6月16日	对符合审慎经营要求且"三农"和小微企业贷款达到一定比例的商业银行（不含4月25日已下调过准备金率的机构）下调人民币存款准备金率0.5个百分点，对财务公司、金融租赁公司和汽车金融公司下调人民币存款准备金率0.5个百分点
2015年	2月5日	下调金融机构人民币存款准备金率0.5个百分点。同时，为进一步增强金融机构支持结构调整的能力，加大对小微企业、"三农"以及重大水利工程建设的支持力度，对小微企业贷款占比达到定向降准标准的城市商业银行、非县域农村商业银行额外降低人民币存款准备金率0.5个百分点，对中国农业发展银行额外降低人民币存款准备金率4个百分点

续表

年份	具体时间	下调比例
2015年	4月20日	下调金融机构人民币存款准备金率1个百分点。同时，有针对性地实施定向降准，对农信社、村镇银行等农村金融机构额外降低人民币存款准备金率1个百分点，统一下调农村合作银行存款准备金率至农信社水平，对中国农业发展银行额外降低人民币存款准备金率2个百分点
	6月28日	针对性地对金融机构实施定向降准，对"三农"贷款占比达到定向降准标准的城市商业银行、非县域农村商业银行降低存款准备金率0.5个百分点，对"三农"或小微企业贷款达到定向降准标准的国有大型商业银行、股份制商业银行、外资银行降低存款准备金率0.5个百分点，降低财务公司存款准备金率3个百分点
	9月6日	下调金融机构人民币存款准备金率0.5个百分点。同时，有针对性地实施定向降准，额外降低县域农村商业银行、农村合作银行、农村信用社和村镇银行等农村金融机构存款准备金率0.5个百分点，额外下调金融租赁公司和汽车金融公司存款准备金率3个百分点
	10月24日	下调金融机构人民币存款准备金率0.5个百分点。同时，为加大金融支持"三农"和小微企业的正向激励，对符合标准的金融机构额外降低存款准备金率0.5个百分点
2016年	2月25日	按照定向降准相关制度，对参与定向降准金融机构2015年度支持"三农"和小微企业领域情况进行考核，并根据考核结果动态调整其存款准备金率
	3月1日	普遍下调金融机构人民币存款准备金率0.5个百分点，以保持金融体系流动性合理充裕
2017年	3月27日	中国人民银行按照定向降准相关制度，根据相关金融机构2016年度支持"三农"和小微企业考核结果，动态调整金融机构存款准备金率
	9月30日	自2018年起，将当前对小微企业和"三农"领域实施的定向降准政策拓展和优化为统一对符合宏观审慎经营要求且普惠金融领域贷款达到一定比例的商业银行实施

续表

年份	具体时间	下调比例
2018年	1月25日	普惠金融定向降准全面实施
	4月25日	下调大型商业银行、股份制商业银行、城市商业银行、非县域农村商业银行和外资银行人民币存款准备金率1个百分点，以置换中期借贷便利并支持小微企业融资
	7月5日	下调大型商业银行、股份制商业银行、城市商业银行、非县域农村商业银行和外资银行人民币存款准备金率0.5个百分点，以支持市场化、法治化"债转股"和小微企业融资
	10月15日	下调大型商业银行、股份制商业银行、城市商业银行、非县域农村商业银行和外资银行人民币存款准备金率1个百分点，置换其所借央行的中期借贷便利（MLF）并支持小微企业、民营企业及创新型企业融资
	10月26日	中国人民银行印发《关于加大支小再贷款再贴现支持力度 引导金融机构增加小微企业和民营企业信贷投放的通知》（银发〔2018〕259号），增加再贷款和再贴现额度1 500亿元，支持金融机构扩大对小微、民营企业的信贷投放
2019年	1月4日	下调金融机构存款准备金率1个百分点，其中，1月15日和1月25日分别下调0.5个百分点
	5月6日	下调服务县域的农村商业银行存款准备金率至农村信用社档次，于5月15日、6月17日、7月15日分三次实施，我国存款准备金"三档两优"的新框架基本形成
	9月16日	全面下调金融机构存款准备金率0.5个百分点（不含财务公司、金融租赁公司和汽车金融公司）；同时，再额外对仅在省级行政区域内经营的城市商业银行定向下调存款准备金率1个百分点，于10月15日和11月15日分两次实施到位，每次下调0.5个百分点
2020年	1月6日	下调金融机构存款准备金率0.5个百分点（不含财务公司、金融租赁公司和汽车金融公司）
	4月15日	对农村信用社、农村商业银行、农村合作银行、村镇银行和仅在省级行政区域内经营的城市商业银行定向下调存款准备金率1个百分点，于4月15日和5月15日分两次实施到位，每次下调0.5个百分点，共释放长期资金约4 000亿元

注：各类银行业金融机构的实际存款准备金率以各银行具体执行的为准。
资料来源：中国人民银行门户网站。

2014年至2020年间，人民银行频繁下调金融机构人民币存款准备金率，释放了更多信贷资本存量，为进一步增强金融机构支持结构调整的能力，加大对小微企业、"三农"以及重大水利工程建设的支持力度，额外降低县域农村商业银行、农村合作银行、农村信用社和村镇银行等农村金融机构的准备金率。其中，还多次实施定向降准。2015年6月，人民银行决定对"三农"贷款占比达到定向降准标准的城市商业银行、非县域农村商业银行降低存款准备金率0.5个百分点；对"三农"或小微企业贷款达到定向降准标准的国有大型商业银行、股份制商业银行、外资银行降低存款准备金率0.5个百分点；降低财务公司存款准备金率3个百分点，进一步鼓励其发挥好提高企业资金运用效率的作用。

2018年1月起，对普惠金融实施定向降准政策。对于单户授信500万元以下的小微企业贷款、个体工商户和小微企业主经营性贷款，人民银行决定统一对其增量或余额占全部贷款增量或余额达到一定比例的商业银行实施定向降准政策。这一定向降准政策对于促进普惠金融发展实行了有指向性的引导。

2020年4月，对农村信用社、农村商业银行、农村合作银行、村镇银行和仅在省级行政区域内经营的城市商业银行定向下调存款准备金率1个百分点，分别于4月15日和5月15日实施，每次下调0.5个百分点，共释放长期资金约4 000亿元，进一步加大了对中小微企业的支持力度。

人民银行通过降低或定向降低存款准备金率，扩大金融机构资金来源，降低其资金成本，从而鼓励金融机构将资金更多地配置到实体经济中需要支持的领域，特别是更多地将新增或者盘活的信贷资源配置到

"三农"和小微企业等国民经济重点领域和薄弱环节,提高信贷资源配置效率,实现信贷结构优化。

3. 信贷政策

人民银行通过具体的信贷政策引导金融资源向贫困地区倾斜,增加对涉农中小企业的信贷投放;不断创新产业扶贫信贷产品和模式;加强扶贫信贷风险防范,支持贫困地区完善风险补偿机制。

目前,我国农村地区、农户、农业信贷增速高于一般贷款增速,涉农信贷比重正在逐步加大,"2012年至2017年5年间累计增长了52.6%。截至2018年3月末,建档立卡贫困人口及已脱贫人口贷款余额6 353亿元,产业精准扶贫贷款余额9 186亿元"①。在区域结构方面,中西部地区小微企业贷款增速同比在国内处于前列。

人民银行将通过推动扶贫贴息贷款和"两权"抵押贷款的试点改革来进一步创新精准扶贫的信贷政策工具。为加强农村信贷风险管理,盘活农村地区存量资源,人民银行扩大增加农民信贷抵押品范围,在全国232个县开展了农村土地承包经营权抵押贷款试点,在59个县开展农村住房财产权抵押贷款试点。从信贷的供需来看,目前我国个人涉农贷款占比24%,需求呈继续扩张之势;供给方面,农发行涉农贷款比例为14%,农商行、信用社以及农村合作银行合计占28%,未来农信社、农合行、农商行等农村金融机构还需要进一步扩大涉农贷款规模,真正发挥农村金融的主力军作用。

4. 差异化的监管政策

为了增加农村贫困地区金融服务供给,调动各类金融机构尤其是地

---

① 中国银行业监督管理委员会. 涉农信贷投放数据 [EB/OL]. http://www.cbrc.gov.cn/chinese/home/docView/6B089EEE60424D3B9F92ADAE05708593.html.

方法人金融机构支持和服务"三农"、精准扶贫等的积极性，政府在金融监管政策方面进行了一系列改革，实施差异化的监管政策。

一是适度放开农村金融市场准入。2006年制定的《关于调整放宽农村地区银行业金融机构准入政策 更好支持社会主义新农村建设的若干意见》提出，放宽农村金融市场准入，鼓励发展各类新型农村金融机构。随后，村镇银行、贷款公司和农村资金互助社等新型组织开始在广大农村试点并逐步推广，优先支持在西部设立村镇银行，增加西部贫困农村金融供给，有效促进市场竞争。

二是适当放宽存贷比监管标准。存贷比监管是防范银行流动性风险的重要手段。通过修改存贷比口径计算方法，将支农再贷款和"三农"专项金融债所对应的贷款从存贷比计算公式的分子中扣除，对农信社和村镇银行等涉农金融机构实行弹性存贷比考核和差异化存款偏离度考核。

三是提高对不良贷款率的容忍度。较高的不良贷款率是各类金融机构在发放贷款时的主要顾忌，提高对涉农贷款、精准扶贫贷款不良率的容忍度，能够在一定程度上提高主体参与金融扶贫的积极性。涉农贷款、精准扶贫贷款不良率高出自身各项贷款不良率年度目标2个百分点（含）以内的，可不作为银行内部考核评价的扣分因素。此外，各银行业金融机构要制定和完善涉农、扶贫金融服务尽职免责制度，并向银监会普惠金融（或属地）监管部门报备。

四是建立健全相关法律法规体系，鼓励农业保险健康发展。2012年，国务院出台《农业保险条例》，对农业保险的经营原则、合同规定、经营规则等予以明确规定。2014年，保监会指导中国人民财产保险公司等23家具有农业保险经营资质的保险公司和中国财产再保险有限责任公司共同发起组建中国农业保险再保险共同体,以完善农业保险风险分担机制。2015年,保监会制定《农业保险承保理赔管理暂行办法》,进一步规范农业保险经营流程。此外,保监会还建立了全国农业保险信息管理平台,汇集了全国种植业保险数据,加强了对农业保险业务的实时监测和动态管理。

(二) 发挥各类金融机构的主体作用

政策性、开发性、商业性和合作性等各类银行业金融机构要回归服务实体经济的本源,明确分工、深化合作,增强对扶贫开发的金融支持能力,共同构成金融扶贫的组织体系。

1. 政策性和开发性金融机构

政策性和开发性银行应专注政策性业务领域,加大对农业农村基础设施、乡村振兴等方面的中长期信贷投放。我国的政策性金融机构主要有国家开发银行(简称国开行)、中国农业发展银行(简称农发行)和中国进出口银行(简称进出口银行),这三家政策性银行在贯彻国家政策、服务发展目标的过程中具有不同的分工。因此,在支持精准扶贫的金融服务供给中,也应着力于不同的业务领域。

国开行是最早提出并探索开展普惠金融的金融机构之一,早在2003年就提出了"人人享有平等融资权"的理念。国开行作为普惠金融的践行者,积极响应国家的有关决策部署,在支持脱贫攻坚、服务"三农"发展等方面取得了良好成效;主要通过发行政策性金融债,按照微利或保本的原则发放中长期贷款,用于向深度贫困地区发放重大基础设施、农村基础设施、产业扶贫、易地扶贫搬迁等领域的扶贫贷款。此外,国开行还将国际先进的微贷技术与中国国情相结合,以金融社会化理念为核心,探索出以"管理平台筛选项目、统贷平台统借统还、担保平台提供担保、公示平台增强信息透明化、信用协会加强信用约束管理"为核心的"四台一会"贷款模式①，有效整合了政府、社会、银行、企业等多方资源，为普惠金融的发展积累了有效经验。

农发行始终坚持执行国家意志、服务"三农"需求、遵循银行规律的职能定位；除了持续加大对粮食多元化市场主体入市收购、重大水利工程、高标准农田建设等领域的支持力度，还将重点支持粮食安全、脱贫攻坚、乡村振兴等重大战略安排，尤其是将信贷、资金、人力等资源配置重点向贫困地区和贫困人口倾斜。2015年至2020年5月，农发行累计投放扶贫贷款2.33万亿元，余额1.45万亿元，投放额和余额均居金融同业首位，充分发挥了金融扶贫先锋主力模范作用。

进出口银行除了继续支持农业产品、企业、产能"走出去"之外，还先后于2008年和2014年同扶贫部门签署《长期金融合作协议》与《金融扶贫合作协议》，建立了"双向动态项目推荐机制"，以政策性金融服务推动贫困地区经济社会发展，为更多社会资源参与扶贫开发创造良好的金融环境。2016年，推出《关于贫困革命老区金融扶贫贷款项目合作实施方案（试行）》，以推动政策性金融在贫困革命老区县域地区落地，进一步拓宽政策性金融的受益群体。

2016年，银监会同意国开行和农发行分别设立扶贫金融事业部，这是政策性金融机构落实国家政策，发挥对于精准扶贫、精准脱贫方略支持作用的重要举措。按照"政策支撑、市场运作、专项管理、单独核算、保本微利"的原则，扶贫金融事业部从组织体系上保障扶贫金融事业的开展，加大对建档立卡贫困村、贫困户和贫困人口的易地扶贫

---

① 张承惠，潘光伟. 中国农村金融发展报告（2017—2018）[M]. 北京：中国发展出版社，2019：139.

搬迁、特色产业、教育医疗以及交通、水利、电力、"互联网＋"、农村危房改造等贫困地区基础设施建设的金融支持，有效缓解贫困地区发展的资金瓶颈制约，为打赢脱贫攻坚战提供有力的支撑和保障。各地银监局根据实际情况，在坚持基本要求的前提下创新工作办法，提高扶贫金融的实施效率。如重庆市银监局为进一步加大金融扶贫力度，实行了"四单"工作机制优先保障扶贫信贷规模，即：单列信贷资源、单设扶贫机构、单独考核贫困地区建制乡镇机构网点覆盖率和行政村金融服务覆盖率、单独研发扶贫金融产品，以保证扶贫投入，提高扶贫实效。

专栏：农发行聚焦重点领域发展普惠金融

1. 服务国家粮食安全战略

农发行始终坚持把支持粮棉油收储作为全行工作的重中之重，积极应对粮棉市场化收购新形势新挑战，全面保障中央和地方储备粮油资金需要，全力支持国家粮食收储制度改革，统筹支持政策性收购和市场化收购，发挥了粮棉油主导银行作用，切实维护了国家粮食安全和农民利益。同时，全力配合粮棉油"去库存"工作，确保政策性信贷资金安全。具体主要包括：做好稻谷小麦最低价收购资金供应，加大粮油市场性收购资金供应力度，做好棉花收购信贷工作等。

2. 支持农业现代化

农发行创新支持农业现代化，紧紧围绕构建现代农业体系、生产体系、经营体系，加大力度支持高标准农田建设、农村土地流转和适度规模经营、林业生态保护等，促进农业转型升级。一方面，着力推进农业提质增效，围绕"藏粮于地、藏粮于技"战略，促进农业种植结构调整，积极支持现代种业、农机装备、节水灌溉、智慧农业等，探索支持农业科技园区平台建设，促进科技成果转化，提升农业可持续发展能力。另一方面，着力推进一二三产业融合发展，择优支持优势农产品加工及产业延伸发展，做大做强特色优势产业，积极支持现代农村流通体系建设，探索支持农村电子商务。

3. 服务农村现代化

加快推进农业农村基础设施建设，不仅有利于补齐农业农村短板，夯实农村共享发展基础，也有利于农业供给侧结构性改革的顺利推进。大力支持棚户区改造，持续为棚户区改造提供信贷资金支持；加大对水利、交通、人居环境改善、城乡一体化等基础设施建设的支持力度，大力支持国家重大水利工程项目，带动地方水利基础设施建设发展，贯彻落实"四好农村路"建设要求，以国定贫困县、革命老区、民族地区、边疆地区为重点，积极支持农村路网建设，促进城乡互联互通，支持农村污水垃圾处理、危房改造等项目，支持辐射乡村的教育、医疗、养老等公共服务体系建设项目，提高农业人口的公共服务水平。

（资料来源：中国农业发展银行官方网站）

2. 商业性金融机构

各类商业性金融机构要延伸在基层的服务网点布局，加大金融产品设计的创新力度，增加贫困地区信贷投放；要为贫困户提供免抵押、免担保扶贫小额信贷，由财政按基础利率贴息；加大创业担保贷款、助学贷款、妇女小额贷款、康复扶贫贷款等各类扶贫贷款的实施力度。

大中型银行要推动普惠金融事业部落地见效，建立和完善经营机制，简化业务流程，提高服务效率。2017年12月，中国银监会办公厅印发了《中国农业银行三农金融事业部监督管理办法》(简称《办法》),农行依据该《办法》的有关规定,持续深化三农金融事业部改革。《办法》明确三农金融事业部,是指中国农业银行按照商业化运作、条线化管理、专业化经营原则,为实施"三农"和县域金融服务而采取的一种内部组织管理模式;三农金融事业部以县域金融业务为主体,在信贷管理、资本管理、会计核算、风险拨备与核销、资源平衡与运营、考评激励约束等方面具有一定的独立性。三农金融事业部围绕乡村振兴、推进农业农村现代化、脱贫攻坚、普惠金融等国家战略,积极服务农业供给侧结构性改革,加大对"三农"重点领域和薄弱环节的支持力度。按照"分得开、算得准、说得清"的要求,三农金融事业部实行"单独资本管理、单独信贷管理、单独会计核算、单独风险拨备与核销、单独资金平衡与运营、单独考核激励约束"[①] 六个单独管理运行机制,充分发挥其体制机制优势,加大对三农及扶贫领域的支持力度。

专栏:中国农业银行开展农村普惠金融服务的组织体系

中国农业银行(以下简称农行)实施三农金融事业部制改革,形成了"三农"业务条线与县域支行相结合的矩阵式事业部管理模式。

职能边界:县域+涉农

农行将分布在全国的县域支行、城市涉农企业和项目全部纳入三农金融事业部管理,明确其管理和核算边界。

---

① 中国银行业监督管理委员会. 中国农业银行三农金融事业部监督管理办法 [EB/OL]. http://www.cbrc.gov.cn/govView_FE42FD9C108C4D689367B532D61B9A3C.html.

组织架构：部门+中心

农行三农金融事业部下设"三部八中心"。"三部"，即三农政策与业务创新部（三农金融事业部管理委员会办公室）、三农对公业务部（扶贫开发金融部）、农户金融部。在总行设置八个三农金融事业部支持中心，分别是三农人力资源中心、三农核算与考评中心、三农资本与资金管理中心、三农信用管理中心、三农信用审批中心、三农风险管理中心、三农渠道管理中心、三农互联网金融管理中心。各一级分行和二级分行比照总行组建三农金融事业部，设置相应的职能部门和支持中心。

治理机制：双委员会+双线报告考核

双委员会机制，就是在董事会层面设立三农发展委员会，负责制定全行"三农"业务发展规划和年度计划，审议"三农"业务重大决策部署，确保在战略决策层面落实中央服务"三农"要求。在总行高管层面设立三农金融事业部管理委员会，负责制定并组织实施"三农"业务年度经营计划。双线报告考核机制，就是有关"三农"工作事项既要向分管本部门的行领导报告，也要向分管"三农"工作的行长报告。

运行机制：六个单独

单独的资本管理，即每年总行向三农金融事业部单独配置营运资本，三农金融事业部向下单独配置经济资本，确保"三农"和县域业务发展有充足的资本支持。单独的信贷管理，即建立了差异化的信贷政策、审慎精准的转授权机制和专业专职的审查审议平台，形成完善的"三农"信贷管理体系。单独的会计核算，即将总行发生的管理费用按照一定规则分摊至县域支行，再将分摊后的县域支行财务报表逐级汇总起来，最终形成三农金融事业部单独的财务报表，满足经营管理和信息披露要求。单独的风险拨备与核销，即实行拨备足额计提、成本共同承担、不良优先处置的"三农"贷款减值准备和不良贷款核销政策,既充分反映事业部经营风险,又有效调动分支行发放"三农"贷款的积极性。单独的资金平衡与运营,即实行全额资金管理体制和三农贷款单独计划配置机制,在有效剥离分支行资金流动性风险的同时,确保三农金融事业部贷款增速和全行涉农贷款增速均高于全行贷款平均增速。单独的考核激励约束,即总行对分行实行"分行+三农"双线考核,按照一定权重折算形成分行综合绩效考核最终结果,有效激发分支行服务"三农"的内生动力。

支持政策:外部+内部

国家对农行三农金融事业部出台了包括税收优惠政策、差异化存款准备金率政策和监管费减免政策在内的专项支持政策。在此基础上,农行对三农金融事业部也实施了包括倾斜配置信贷规模、单独配置财务资源和实施专门人力资源政策等在内的一系列倾斜支持政策。

监管要求:定性+定量

人民银行对农行三农金融事业部运行情况实行按季监测,要求按季报送三农金融事业部改革运行情况和相关业务报表。银保监会于2017年进一步完善出台了《中国农业银行三农金融事业部监督管理办法》,提出县域贷款增速、县域存量贷存比、县域增量贷存比、县域不良贷款率、县域网点占比五项监管指标。

(资料来源:中国农业银行官方网站)

中国邮政储蓄银行(简称邮储银行)发源于县域农村,因此具有发展普惠金融的先天优势。成立之初,邮储银行就根据自身特点找准市场定位,坚持"地域差异化、产业特色化"的经营思路,专心服务

"三农"、中小企业和社区等长尾客户，提供体现自身定位特点的金融服务。目前，邮储银行营业网点已经发展到近4万个，广泛覆盖于祖国的各个角落，其中70%以上的网点分布在县域地区，是国内网点数量最多、下沉最深的商业银行，凸显了在网点布局和数量方面的优势。近年来，邮储银行积极拓展"线上"服务渠道，为广大客户尤其是偏远地区客户，提供快捷的基础金融服务。

2016年9月，在国家普惠金融政策的引导下，邮储银行成立三农金融事业部，包括"三农"事业在内的各项普惠金融业务在规范的框架下迅速发展。三农金融事业部下设小额贷款部（扶贫业务部）、农业产业化部、农村项目部、政策与创新部、信贷管理部5个专业部门；在总行设立三农风险管理中心、三农资产负债管理中心、三农财务管理中心、三农人力资源管理中心4个中心。在体制机制上，建立"七个独立+两个倾斜"的运行机制，即"独立的组织架构、独立的财务核算、独立的经营计划、独立的资本管理、独立的信贷管理、独立的风险管理、独立的绩效考核、倾斜的资源配置、倾斜的信息科技保障"[1]。同时，邮储银行也在积极建设小微企业特色支行、现代农业示范区支行和金融扶贫示范支行等专营机构。从其组织机构设置、服务渠道拓展、体制机制保障、信息科技支撑等方面可以看出，邮储银行已建立起一套扎根农村金融市场的基础设施，更好地巩固和发展了农村金融服务阵地。

股份制商业银行和城市商业银行要结合市场定位、机构优势和自身能力，探索建立三农金融服务专门机制，优化服务网络，下沉服务重心，服务地方经济和城乡居民，提供特色化、差异化的三农和扶贫金融服务。

---

[1] 尤新. 邮储银行成立三农金融事业部［N］. 人民日报. 2016－09－22［2019－09－22］. http：//finance. people. com. cn/GB/n1/2016/0922/c1004－28731760. html.

农村信用社要继续推进省联社改革,保持县域法人地位和数量的总体稳定。农村信用社历史上是中国农村地区机构网点分布最广的金融服务提供者,自1978年改革开放以来,农信社经历了几次改革以改善其经营状况。2003年6月,中央政府启动对农村信用社的深化改革,创造了两种新型的组织形式,许多农信社被改制成农村商业银行、农村合作银行等新形式,以提升其治理水平,在业务经营、股权结构、公司治理等方面取得很大进展。在普惠金融业务发展过程中,由于客户群规模小、内部治理不善、地方政府过度干预等问题的存在,制约着其为农业现代化、农村经济结构调整、新型经营主体提供合适的金融产品和服务的能力,尤其在金融科技方面的创新不足,导致其总体创新能力有限。因此,农村信用社应进一步深化改革,在完善农村金融体系、支持脱贫攻坚、促进乡村振兴等方面发挥更大作用。

表4-4 2015—2020年一季度银行业金融机构普惠型小微企业贷款情况表(法人)

单位:亿元

项目	2015年	2016年	2017年	2018年	2019年	2020一季度
银行业金融机构合计	894 650	1 015 879	1 168 151	1 306 535	436 405	125 542
其中:大型商业银行	230 983	257 390	286 025	291 085	119 076	37 518
股份制商业银行	147 156	151 358	163 545	178 133	80 924	22 335
城市商业银行	138 957	169 127	202 347	235 673	64 706	18 401
农村金融机构	143 674	183 887	226 679	265 739	165 464	45 470

注:①2015—2018年,用于小微企业的贷款余额=小型企业贷款余额+微型企业贷款余额+个体工商户贷款余额+小微企业主贷款余额;
②自2019年起,进一步聚焦小微企业中的相对薄弱群体,重点监测统计普惠型小微企业贷款,即单户授信总额1 000万元(含)以下小微企业贷款;
③自2019年起,邮储银行纳入"大型商业银行"汇总口径;
④农村金融机构包括农村商业银行、农村信用社、农村合作银行和新型农村金融机构,2015年—2018年统计口径为农村商业银行。
资料来源:中国银保监会门户网站,银行业监管统计指标季度情况表。

银保监会的统计显示，自 2015 年有银行业金融机构小微企业贷款余额的统计数据以来，小微企业贷款余额逐年增加，尤其是 2019 年以来，进一步聚焦小微企业中的相对薄弱群体，重点监测统计普惠型小微企业贷款。从不同统计类别的银行机构来看，大型商业银行尤其是农行和邮储银行的普惠型小微企业贷款余额仍占较大份额。2020 年 5 月，中央政府工作报告明确提出，本年度大型商业银行普惠型小微企业贷款增速要高于 40%。

3. 其他类型的金融机构

农村中小金融机构要回归本源，强化支农市场定位，发挥好金融支持脱贫攻坚的主力军作用。在机构的改革和发展上，完善金融机构准入政策，优先支持在贫困地区设立村镇银行、小额贷款公司、农村资金互助组织等各类新型农村金融组织。据表 4-4 显示，自 2019 年以来，随着农村金融机构的发展，农村金融机构的普惠型小微企业贷款余额超过大型商业银行的贷款余额，正逐渐成为普惠型金融服务领域的主力军。

2006 年，银监会调整放宽了农村地区银行业金融机构的准入政策，开始试点探索设立以村镇银行为主体的新型农村金融机构，在解决农村地区银行业金融机构网点覆盖率低、金融供给严重不足、竞争不充分等问题上迈出了实质性步伐。自 2007 年第一家村镇银行成立以来，我国村镇银行已经走过十余年的发展历程。目前村镇银行已覆盖全国 31 个省份的 1 213 个县市，县市的覆盖率达到 67%。此外，还需继续探索研究投资管理型村镇银行和"多县一行"制村镇银行试点工作，引导村镇银行主要布局中西部地区、产粮大县和小微企业聚集地区，县域覆盖面稳步提升。"截至 2017 年底，全国共组建村镇银行 1 601 家，中西部地区占比 65%；村镇银行县（市、旗）覆盖率 68%，覆盖了 416 个国定贫困县和连片特困地区县"①,支农支小特色显著。

村镇银行实行发起人制度,必须有一家符合监管条件的商业银行作为主要发起银行。发起银行持股比例不得低于村镇银行股本总额的15%,并具有一定程度的监督职责。这一制度为这些发起银行获取农村新客户群体的同时,也增加了发起银行的管理成本。这是由于根据银监会的规定,村镇银行网点的设立必须在发达和欠发达地区之间进行搭配。如果发起银行在某个省份没有设立分支机构,就需由总行管理,这无疑提高了管理成本,还降低了村镇银行的经营灵活性,在经营模式上与传统银行出现同质化,从而限制了向最初设定的目标服务群体提供有针对性服务和产品的能力。

2005 年,中国人民银行启动小额贷款公司试点。2008 年 5 月,中国银监会、中国人民银行联合发布《关于小额贷款公司试点的指导意见》。小额贷款公司按照市场化原则进行经营,主要为"三农"以及小微企业提供服务,但由于只贷不存,不能吸收公众存款,只能以股东投入的资本金放贷,致使小额贷款公司面临着某些融资约束,贷款业务的运作空间也受到限制。小额贷款公司的经营范围通常限于一县之内,向临县扩展业务需重新申请,并设立一个独立的公司,这限制了其经营的有效扩张。此外,由于担保形式单一、程序不完善、内部风控能力弱等原因,风险防控也成为小额贷款公司可持续发展的重要阻力。

2007 年,中国银监会发布《农村资金互助社管理暂行规定》,开展农民合作社信用合作试点,支持贫困地区培育发展农民资金互助组织。农村资金互助社依托行政村或农民专业合作社设立,面向社员开展存

---

① 中国银行业监督管理委员会. 中国银行业监督管理委员会2017 年年报 [EB/OL]. 2018 – 11 – 30 [2019 – 11 – 30]. http://www.cbrc.gov.cn/chinese/home/docViewPage/110007.html.

款、贷款、结算、买卖政府债券和金融债券等业务。在机构的管理体制机制上，要坚守支农支小战略定位，发挥好地缘、人缘和网络优势，按照自主经营、自我管理、重心下移、提高效率的要求，加快建立定位三农、服务县域的公司治理机制，推动董事会下设三农委员会等工作，从机制上保证支农支小业务的有序、高效开展。由于内部管理不善、经营规模过小等原因，农村资金互助社模式未实现预期目标。

（三）小额信贷扶贫

1. 扶贫小额信贷

小额信贷是向低收入群体和微型企业提供的额度较小的信贷服务，其基本特征是额度小、无担保、无抵押，其客户评信办法和贷款管理技术与大额商业贷款完全不同。在我国，扶贫小额信贷特指为建档立卡贫困户量身定制的金融精准扶贫产品，其政策要点就是"5万元以下、3年期以内、免担保免抵押、基准利率放贷、财政贴息、县建风险补偿金"[①]。一般来讲，小额信贷可以由商业银行、农村信用合作社等正规金融机构提供，也可以由专门的小额信贷机构或组织来提供。

20 世纪 90 年代初，中国社会科学院农村发展研究所引入一些国际援华项目以及民间组织，开始在我国试行小额信贷扶贫，后来逐渐得到政府的认可，各级地方政府和金融机构纷纷参与小额信贷的开展和管理。在引入项目的同时，我国学者杜晓山根据对孟加拉国格莱珉银行（简称 GB）实施扶贫信贷情况的实地考察，将 GB 模式在国内进行了介绍和推广，从而使国内对 GB 模式开展小额信贷扶贫的运作、成效等有了更多的了解。在我国的实践也证明，扶贫小额信贷是支持建档立卡贫

---

① 国务院扶贫办. 关于促进扶贫小额信贷健康发展的通知 [EB/OL]. http://www.cbrc.gov.cn/chinese/home/docView/B8E0832CC56B41D4AE9ACCCBC2750C20.html.

困户发展生产、脱贫致富的一项重要金融产品。截至 2019 年末，全国扶贫小额信贷累计发放 4 270.16 亿元，余额 1 865.48 亿元；累计支持建档立卡贫困户 1 035.73 万户次，余额覆盖户数 470.71 万户①。

按照经营小额信贷的主体来划分，主要有：地方政府主导的小额信贷项目，成立专门机构来承贷承还各金融机构的贷款，并直接发放给贫困户；公益性的小额信贷，由非营利性的民间组织来组织和发展小额信贷，这是最早的小额信贷组织形式；银行类金融机构发放的小额信贷等。

2. 政府引导的扶贫小额信贷实践——以"卢氏模式"为例

卢氏县是国家扶贫开发工作重点县，也是河南省贫困发生率最高、贫困程度最深的县。2017 年初，在河南省政府的推动下，卢氏县启动了金融扶贫试点工作，重点破解扶贫小额贷款"落地难"问题。经过不断实践，卢氏县探索出一条成功开展金融扶贫的"卢氏模式"。归结起来，其取得成效的经验主要在以下几个方面：

一是构建了"政银融合"的金融服务体系。针对农村金融机构网点少、金融服务薄弱的现实问题，县政府把行政力量、金融力量整合到各级金融服务网络中，构建了"政银融合"的服务体系，明确农商行、邮储银行作为扶贫小额贷款主办银行，发挥邮储银行与农商行网点多、贴近农村的优势。其服务网络覆盖县、乡、村三级，包括县金融服务中心、乡金融服务站、村金融服务部，各司其职，衔接有序，充分整合了各方力量。这一举措为广大农户、带贫企业、经营主体提供了贷款便

---

① 2019 年银行业保险业扶贫工作取得积极成效 [EB/OL]．中国银行保险监督管理委员会网站，2020 - 05 - 07. http：//www.cbirc.gov.cn/cn/view/pages/ItemDetail.html?docId = 902730&itemId = 4170&generaltype = 0.

利。此外，为加大激励力度，银行机构对金融扶贫工作做出了尽职免责制度安排。

二是完善信用评价体系。建设农户信用评价体系是做好金融扶贫工作的一项基础性工作，能够缓解农村抵押物缺失、信用体系欠缺等带来的风险问题。"卢氏模式"采用定性和定量相结合的方式采集农户信用信息；制定信用信息评级试用办法，将农户分为不同的信用等级，分别给予不同额度的信用贷款；注重加强信用的动态管理，将基础信息、评级结果等统一录入信用信息系统并及时更新。

三是建设系统的风险防控体系。依托系统的风险防控体系，加强贷前信用提示、贷中用途管理和贷后违约追责。通过建立项目资金监管机制，确保资金投向扶贫领域。建立保险跟进防范机制，与保险机构合作开展特色农业互助保险试点，开发小额扶贫贷款保险、人身意外保险、公共责任险、农产品自然灾害保险等产品，实现保险全覆盖。建立风险共担机制，政府设立 5 000 万元的风险补偿金，对建档立卡贫困户和带贫企业或农业经营主体的贷后风险进行补偿，并与合作银行、省农信担保公司、省担保集团再担保公司按照相应的比例分担，形成了健全的风险缓释机制。

四是建设产业支撑体系。农户选择项目难、扶贫资金无处可投是小额信贷落地过程中遇到的主要问题。卢氏县立足当地实际，建立了龙头企业+合作社+基地+农户的产业带动模式。一方面，引导贫困户围绕主导产业上项目，确定重点绿色产业、重点特色工业和重点现代服务业，对符合主导产业发展方向的项目进行贷款。另一方面，以信贷投向拉长产业链条，形成龙头企业带动，合作社组织、生产基地承载的扶贫项目产业发展机制。

卢氏县根据当地实际建立了四大体系，并逐步形成可供借鉴的"卢氏模式"，有效破解了扶贫小额信贷政策落地的障碍，从服务平台、信用评价、风险防控、产业支撑四个方面完善了当地开展金融扶贫的基础设施建设，基本满足了贫困户和带贫企业信贷融资需求，推动了当地重点和优势产业的发展，带动了贫困户脱贫致富。此外，在摸索出金融扶贫新路径的同时加强了农村的社会治理，使得推动金融创新、打赢脱贫攻坚、决胜全面小康、推进乡村振兴等进程同速向前推进，提供了诸多政府主导小额信贷发展的经验。

3. 公益性的扶贫小额信贷实践——以中和农信为例

中和农信项目管理有限公司（以下简称"中和农信"）是一家专注于农村市场的小微金融机构，旨在为那些不能充分享受传统金融机构服务的农村中低收入群体，提供包括小额信贷、保险、投资、电商等的多方位服务，以帮助他们发展产业，增加收入，早日脱贫致富。追溯其发展历程，中和农信成功完成了从项目式小额信贷到机构式小额信贷的转变，并最终实现了市场化运作。作为一家公益性的小额信贷民间机构，中和农信成功验证了小额信贷在增加贫困地区金融服务供给、扶持低收入群体发展生产性项目、提高收入水平等方面的重要作用。

（1）从非政府组织到市场化运作

中和农信的前身是中国扶贫基金会小额信贷部，自 1996 年以来开始实施小额信贷扶贫项目。扶贫基金会本身就是我国最大的扶贫公益性组织之一，由于管理体制不顺畅，项目的管理效率极其低下。中国扶贫基金会于 2000 年正式从国务院扶贫办外资项目管理中心接管小额信贷项目，并先后在 8 个贫困县实施小额信贷项目试点。在当时的政策条件下，小额信贷是以扶贫项目的形式存在并运行的，中国扶贫基金会提供技术援助和监管，当地政府成立专门组织负责具体实施，但这种管理模式导致项目产权和治理机构不清，扶贫效率低下，中国扶贫基金会不得不退出部分项目的管理。

通过对前期工作的回顾与总结，结合国际小额信贷的成功经验，2005年初，中国扶贫基金会明确提出要对小额信贷管理体制进行根本性调整，由项目型小额信贷向机构型小额信贷转变。首先成立专门的小额信贷操作机构，清晰产权，完善治理机构，理顺管理体制，然后采用国际先进的小额信贷管理信息系统，规范贷款产品和操作流程，基金会的小额信贷项目逐步转入良性发展轨道。

2006年12月，国家开发银行向中国扶贫基金会小额信贷项目提供1亿元人民币的授信支持，中国扶贫基金会成为中国第一个从银行获得批发资金的小额信贷组织。2008年1月，小额信贷项目获得渣打银行2 000万的贷款，项目的资金来源更加多元化。2008年底，在中国扶贫基金会的主导下，中和农信正式成立，以市场化的运作模式专注于小额信贷扶贫项目的管理和拓展。

（2）中和农信成功的经验

针对我国农村金融市场的发展现状，结合国家有关农村金融改革的最新动向，中国扶贫基金会决定将小额信贷项目及小额信贷项目部组建成一个企业化运营的独立实体，实行全成本核算，自负盈亏。2008年底，中国扶贫基金会全资成立中和农信项目管理有限公司，专门负责小额信贷项目的实施和管理工作。"截止到2020年4月，中和农信的小额信贷项目已覆盖20个省份，具有356个分支机构，在贷客户数402 874，户均余额27 566元，累计放款金额达62 256 170 429元。其中农户占比达 90% 以上。"① 其贷款真正实现了小而精。除了小额信贷，还拓展了投资、互助、保险等业务，提供扎根小微的贴心服务。回顾其发展历程，中和农信能够成为我国公益性小额信贷的典范，主要在于坚持财务绩效 + 社会价值的双重底线管理原则，并同时采用了兼具灵活性和本土化的业务机制、多元化融资、公司治理完善等机制。

首先，坚持财务绩效 + 社会价值的双重底线管理原则。作为一家从非政府组织转型而来的社会企业，中和农信遵循并倡导国际上小额信贷的企业财务绩效与社会绩效并重的双重底线管理原则，并将社会绩效管理提到公司战略的高度。基于"社会企业"的发展定位，中和农信专门提供小微金融服务，却不以营利为目的，在维持机构自身可持续运营的基础上，追求社会效益的最大化，推动小额信贷项目服务于更广泛的贫困人群。

为实现其社会价值目标，中和农信紧紧围绕社会绩效治理、金融普惠、客户保护、人力资源和社会改善五个纬度展开，其服务目标群体明确，就是要确保扶贫资金能够到达真正的贫困人群手中，使无法获得正规金融机构金融服务的贫困人群同样能够得到贷款支持；通过小额贷款的扶贫方式激发贫困人群的生存智慧和自我发展能力，为他们提供实现美好生活的支持途径。在为贫困人口量身定制小额信贷、保险、投资等金融服务的同时，还为贷款客户提供相应的生产技术、经营管理、法律知识等多方面的培训，促进贫困人口生产经营能力的提升，培养他们的理财观念与能力，发展信用文化，协助贫困人口实现持续稳定的收入增长，从而稳定脱贫致富，改变自己的生活。在目标群体中，又以贫困妇

---

① 数据来源：中和农信官方网站．https://www.cdfinance.com.cn/index.html．

女作为主要受益群体。因为妇女作为家庭的核心，更加期盼家庭的稳定，诚信度也更高，对于借钱的责任心和把控风险的意识较强。在完成社会绩效的同时，维持自身的财务可持续，保证信贷价格覆盖成本。不同于传统扶贫为穷人提供捐赠或低息贷款，中和农信通过并不优惠的贷款为贫困人口提供脱贫资金支持，同时帮助他们树立信心，提高自立与发展能力。

其次，采用兼具灵活性和本土化的业务机制。作为一种扶贫金融形式，其目标客户、操作流程和风险控制手段等不同于传统的金融机构。一方面，构建起一套高效率、低风险、可持续的管理体系；另一方面，采用先进技术形成了连带责任、抵押替代、风险分担与分期偿付等业务机制。连带责任即借鉴格莱珉银行模式，采取小组联保的贷款方式，形成横向选择与横向监督机制。联保小组由 3～5 人自发形成，成员多为亲朋好友或邻居，且每一位小组成员都有贷款需求并相互承担负债连带责任，这样便对成员的选择和行为形成一种隐性的约束机制。在个人贷款方面则借鉴德国的 IPC 微贷技术，根据客户特定的贷款需求，在评估其还款能力、还款意愿等个人信用状况的基础上，采用担保贷款或纯信用贷款，以客户信用实现抵押替代机制，一定程度上解决了低收入群体缺乏合格、有效的抵押品从而难以从正规金融机构获得信贷支持的难题。此外，中和农信还与中央征信系统合作，将贷款户的信息纳入中央征信体系，在增强贷款人信用意识、提升金融交易能力的同时，控制贷后风险。在风险分担机制方面，中和农信为每一位客户提供免费的信贷保险，若贷款客户发生意外事故，信贷管理系统上会免除客户未还贷款的还款责任，而由保险公司代替偿还剩余贷款；通过小额保险，帮助客户提高抗风险的能力，实现风险分担。在还款方式上，根据农业生产经营的特殊性和小额贷款客户的收入特性，采用"整贷零还"的按月等额本息偿还机制。这种分期偿付的办法极大减轻了农户的还款负担，较好地培养了农户的理财能力和信用意识。

再次，实现多元化融资。中和农信早期的资金来源主要有政府拨款和社会捐赠；随着市场化运作模式的深化，中和农信也积极开辟其他融资渠道，以保证机构的可持续运营。目前，商业化融资，如银行批发贷款、资产证券化融资、股权融资等已成为中和农信的主要资金来源。如从国家开发银行、中国农业银行、北京银行、亚洲开发银行等金融机构以市场利率获得大额授信，利用商业银行的资金为贫困农户提供资金支持。与此同时，中和农信不断加强与其他公司的战略合作关系，成功引入红杉资本、国际金融公司（IFC）等投资主体。通过多元化的融资方式，中和农信有序扩大机构规模，保证财务稳定，实现商业可持续发展。

最后，完善公司治理的激励机制，以此塑造具有较强执行力、协作力和创新力的团队。一方面，通过文化建设，在内部形成强有力的认同感，凝聚有志于从事公益金融服务的社会各界人士；另一方面，建立薪酬福利保障和培训考核机制，提供同领域有市场竞争力的工资水平、福利待遇，用市场化的人力资源管理模式实现专业化分工、提高工作效率。

我国农村金融改革和发展的历史经验证明，如果没有很好的激励和竞争，现有的农村正规金融机构便没有足够的动力去积极开拓小额贷款市场。在当前的实践中，部分地区存在行政干预、片面追求贷款规模和覆盖面、"户贷企用"、风险补偿基金未落实、贷款资金用于农房建设和非生产性消费等现象，容易导致因贷致贫返贫。

因此，要规范发展扶贫小额信贷，坚持扶贫小额信贷"户贷户用户还"和"资金用于发展生产"的原则，因地制宜提供信贷支持，健全风险补偿机制；同时，加强政策宣传，培养贫困户的诚信意识和守信行为。

4. 贫困村村级发展互助资金

还有一种形式的小额信贷是在部分贫困村实施村级互助资金项目，借鉴社区基金模式来使用和管理扶贫资金。2006年5月，国务院扶贫办、财政部联合发布《关于开展建立"贫困村村级发展互助资金"试点工作的通知》（下文简称《通知》），开始在河北、山西、内蒙古、黑龙江等14个省、自治区启动"贫困村村级发展互助资金"的试点工作。《通知》中明确，"互助资金"的来源可由两部分组成：一是按照平均每个试点村15万元的额度，各试点省选择10个贫困村，专项安排中央财政扶贫资金150万元；二是鼓励贫困村村内农户以自有资金入股或者其他方式，补充扩大"互助资金"的规模。这实际上是以一定数量的财政扶贫资金为基础，吸收村民自有资金等在贫困村内建立"互助资金"，村民以借用方式周转使用"互助资金"发展生产，从而有效缓解贫困村发展生产资金短缺问题，"有借有还"的基本要求则体现了金融的功能。

（四）金融科技扶贫

1. 金融科技的概念界定

根据金融稳定理事会（Financial Stability Board，简称FSB）于2016年初所做出的定义，金融科技（fintech）主要是指新技术带来的金融创新，它能创造新的业务模式、应用、流程或产品，从而对金融市场、金融机构或金融服务的提供方式造成重大影响。从字面上看，金融科技是金融（finance）和科技（technology）的合成词，但在本质上，其内涵和外延都不限于两者的简单组合。

从技术角度理解，金融科技是指应用于金融业的各类科技手段的统称，包括大数据、云计算、区块链、人工智能、移动互联网等，各类技术的应用能够对金融行业进行赋能，从而有效拓展其业务广度和深度。从业务角度理解，金融科技是金融和新兴科技融合后的全新业务形态。在新的业务形态中，既有不同行业主体的参与，又产生了新的业务模式和流程。传统的主流金融机构普遍运用科技手段全面改造组织架构和业务流程，众多新型机构加入原有金融服务产业链。依托高新技术的加持，长久存在而未得以解决的金融服务难题得到缓解，金融科技成为补齐现有金融发展短板的重要抓手，有助于推动金融体系实现高质量发展。

根据具体的业务类型，巴塞尔协议将金融科技业务分为四大类，即：支付结算、存贷款与资本筹集、投资管理和市场设施。在这些业态中，有的是转移，即传统金融服务从线下转移到线上；有的是替代，如智能投顾是以机器服务替代人工服务；有的则是对传统金融的颠覆，如数字货币。实际上，金融科技是新兴技术所带来的金融创新，是金融与科技的全面融合，技术是工具，是服务金融产业发展的手段；金融是核心，在具体的融合和创新过程中，应遵循金融市场运行的一般规律，并形成了新兴的经济金融形态，如普惠金融、供应链金融、平台经济等。随着技术的日新月异，不仅金融科技的内涵在不断丰富，金融的范式也将逐渐被改写。

表 4-5 巴塞尔协议对金融科技业务模式的分类

业务分类	支付结算	存贷款与资本筹集	投资管理	市场设施
业务内容	零售类支付： 移动钱包 点对点汇款 数字货币	借贷平台： 线上贷款平台 电商贷款 信用评分	智能投顾： 财富管理	跨行业通用服务： 客户身份数字认证 多维数据归集处理
	批发类支付： 跨境支付 虚拟价值 交换网络	股权融资： 众筹	电子交易： 线上债券交易 货币交易	技术基础设施： 分布式账户 大数据 云计算

资料来源：李文红，蒋则沈. 金融科技（Fintech）发展与监管：一个监管者的视角［J］. 金融监管研究，2017（3）：1-13.

2. 金融科技在我国的应用和发展

金融领域应用科技的初期主要以互联网金融的形态出现。由于缺乏基础的监管与政策约束、顶层设计规划、创新与安全标准、金融生态环境保障以及完备的研究框架和理论共识，互联网金融在发展过程中出现了严重问题。加之"互联网金融"在国外并无与之相对应的词语，自2014年起，"金融科技"的概念在国内出现。2016年以来，随着"金融科技"受关注度显著提升，加之互联网金融领域欺诈事件高发，国内"互联网金融"的概念逐步融入"金融科技"的概念体系。

近几年来，我国金融科技发展迅猛，科技与金融呈现深度融合的态势，并在世界范围内居于领航地位。综合来看，金融科技发展和创新的驱动主要来自供给与需求两个方面。从供给侧来看，深化金融供给侧结构性改革，增强金融服务实体经济能力是当前我国经济金融发展的一条重要主线。大数据、区块链、云计算、人工智能等技术日新月异，对金融市场、各类主体、金融服务供给等产生了重大影响，顺势成为推动金融服务供给结构变革和金融服务效率改进的有力支撑，并贯穿于金融供给侧结构性改革的全过程。

从需求侧来看，不断变化的企业和消费者偏好推动我国金融体系依靠科技创新持续实现组织结构、业务模式、服务类型、风险管理等各个方面的改进。加之过去我国金融供给结构扭曲的长期存在，无法得到满足的潜在金融服务需求大量释放，从而形成巨大的市场体量，这是金融科技在我国得以迅速发展的先天优势。也正是金融需求的巨大缺口暴露了长期以来我国金融供给方面存在的突出问题：一是数量不足，二是供给结构扭曲。

3. 金融科技在扶贫领域的主要优势

金融科技是金融与科技的全面融合，但本质仍是金融，其运行要遵循金融发展的基本规律，金融与实体经济的关系同样适用于金融科技与实体经济的关系。因此，金融科技发展的最终目标应为在安全稳健的前提下持续创新，优化技术与制度之间的组合，完善资源配置方式与产业分工模式，矫正金融发展中的各种扭曲，有效服务实体经济，切实改进社会福利。在金融科技的各类应用场景中，那些能够有效支撑国家发展战略、扶持经济社会发展薄弱环节、切实为实体经济发展服务的创新，才能真正经得起市场的考验。

在我国特殊的历史发展背景下所形成的城乡二元经济结构，映射到金融领域也显现出城乡二元的特征，使得我国农村金融普遍落后于城市金融的发展，贫困农村、涉农小微企业和农户的金融需求未得到有效满足，这是我国经济发展和金融体系的一个突出短板。在脱贫攻坚的关键时期，补齐这一短板显得尤为重要。

总体来看，农村金融发展薄弱的关键症结就在于交易成本高和信息不对称，而交易成本高影响收益和效率，信息不对称加大了风险因素。

金融科技的特性使其成为解决这些症结的一剂良药。作为金融功能的一种更有效实现方式，金融科技的发展大大降低了金融服务成本，拓展了金融服务范围，有助于金融风险防控。因此，通过深度推进金融科技在普惠金融领域的作用，可以提高向被传统金融所排斥的长尾人群提供金融服务的有效性，从而实现其扶贫的功效。

具体来说，金融科技在促进普惠金融发展、助力脱贫攻坚方面主要具有以下优势：

一是大大降低了金融服务成本。大数据、人工智能等技术的运用逐步缩短了金融交易的链条和中间环节，移动互联网、智能终端的部分业务实现在线操作，减少了物理机构网点和工作人员的数量，在提升服务质量的同时显著降低了人力成本和交易成本。运用云计算和开源软件改变基础设施部署的方式，大幅降低了金融机构的软硬件采购与维护成本，从而缩减了金融机构的运营成本。随着全球第四次技术革命的深入，新技术对金融服务业态的创新和改造还在持续，并进一步降低了金融服务成本。

二是拓展金融服务覆盖范围。新技术的发展和应用可以缓解部分金融排斥，从而有效拓展金融服务的覆盖面。依托互联网、智能终端等，推动线下业务线上化和智能化；借助移动互联网、手机 App 等技术，不断扩展服务渠道，使客户随时、随地可享受转账汇款、小额信贷、投资理财等金融服务；借助移动支付、直销银行等手段，实现与电商平台、金融科技企业的合作，带来高质量用户体验的同时拓展服务广度和深度。

三是加速产品服务创新，提升金融服务效率。利用大数据、人工智能等技术所挖掘和整理的多维用户数据，通过建立数据关联性分析模型，对客户进行分层、分类，进而形成用户画像、用户关系网、信用评级等数据产品，以此为依据构建差异化的服务策略、智能化的运营决策和科学化的管理方式，有效提升服务的有效性和针对性。智能投顾则是大数据、人工智能技术在投资理财业务中的综合应用，在降低了服务费用的同时大大提高了投资的精准度和收益效率。

四是助力金融风险防控。信息不对称是金融业务的重要风险来源，贫困或弱势客户处于市场中下层，缺乏基本的信用记录和抵押物资，信息不对称问题更为突出。对于金融机构而言，无法判断企业或个人的还款能力以及其他潜在的风险，会大大增加金融企业的搜寻成本和管理成本，进而投入市场的意愿便大大降低。技术的发展为这些问题的解决提供了有效途径。互联网技术的应用积累了大量的数据资源；利用大数据技术可以对用户数据进行搜集、处理、分析，从而对目标客户做出准确的预测和分析；云计算技术可以利用计算机模型处理庞大的基础数据；人工智能技术可以综合以上技术和资源，真正实现智能化。将数字化、智能化技术引入客户信用评估环节，个人和小微企业的身份、真实需求和行为可以被准确识别，从而能深入细致地分析客户的还款意愿和能力，这大大减少了信息不对称，突破了传统信用体系的边界，对于提高金融机构风控的专业化、智能化、灵活性都具有直接促进作用。

（五）保险扶贫

1. 保险扶贫的多层功能

金融体系的功能之一便是管理风险，如同资金可以通过金融体系得以转移，风险也可以通过金融体系进行转移。保险则是转移风险的一条重要途径，可以提供基本的风险保障。因此，保险扶贫是金融支持脱贫攻坚的一种重要作用方式。2016年5月，保监会与国务院扶贫办联合发布《关于做好保险业助推脱贫攻坚工作的意见》提出：到 2020 年，基本建立与国家脱贫攻坚战相适应的保险服务体制机制。在该意见的指导下，政策性、商业性、合作性等各类金融机构应从满足多元化的保险需求出发，协调配合，共同参与保险服务工作，注重完善保险支持保障措施以及保险服务工作机制。目前，我国已初步建立起涵盖不同层次功能的保险保障体系。

一是以丰富的农业保险服务和产品为核心，构建保险扶贫的风险分担和保障体系。截至 2019 年末，农业保险承保农作物超过 270 种，基本覆盖常见农作物，备案扶贫专属农业保险产品 425 个，价格保险、收入保险、"保险＋期货"等新型险种快速发展。2019 年 1～12 月，农业保险参保农户 1.91 亿户次，提供风险保障 3.81 万亿元，支付赔款 560.20 亿元，受益农户 4 918.25 万户次。农业保险作为风险的分担和保障体系，还能够有效防止贫困农户因灾返贫致贫。

二是以小额贷款保证保险、农业保险保单质押为核心，构建保险扶贫的增信体系。截至 2017 年 8 月，小额贷款保证保险已实现保费收入 4 亿元，保险金额 348.6 亿元，支持农户和小微企业获得银行融资 315.9 亿元。依托保证保险为农户的小额贷款增信，可以低成本盘活农户资产，推动信贷资源向贫困地区投放，推动地区产业发展、农户增收。

三是以保险资金支农融资和直接投资为核心，构建保险扶贫的投资体系。例如，银保监会支持行业设立中国保险业产业扶贫投资基金，该基金首个项目已落地，为国家级贫困县河北阜平县产业脱贫龙头项目香菇种植基地提供 5 000 万元人民币的资金支持。以保险资金为基础形成的支农投融资体系，在盘活既有保险资金的同时，可以引导资金流向贫困地区起到支农惠农的积极作用。

此外，还通过大病保险向贫困人口实施政策倾斜，降低起付线，放宽报销范围，提高报销水平，切实减轻贫困群众医疗负担；并在1 000多个县（市）承办了面向贫困人口的商业补充医疗保险业务，覆盖贫困人口4 000多万人。

专栏："政融保"合作的阜平模式

2015年底，中国人民保险集团股份有限公司（下文简称"中国人保"）经有关部门批准成为国内首家直接利用保险资金支持"三农"和小微的保险公司，并形成了"政融保"合作模式，即政府提供政策支持和增信，保险资金提供融资，保险产品提供风险保障。

阜平县政府成立注册资金1.5亿元的惠农担保公司，与农行、邮储银行、农联社、人保财险等金融机构开展合作，并探索由财政出资成立再担保公司，以有效化解风险；建立县乡村三级金融服务网络、三户以上联保制度、风险补偿及保证金机制等提供必要的制度保障。中国人保安排专项资金用于该项目，资金均投向扩大种养规模、购买现代化设备和改良品种等支农用途，以加快提升农业生产经营的集约化水平，为农民带来实实在在的收益。

（资料来源：中国人保官方网站）

2. 农业信贷担保体系——以平安普惠与农业信贷担保公司的合作为例

党中央、国务院历来高度重视"三农"问题，并积极探寻有效途径来引导金融资本投入"三农"。建立由财政支持的农业信贷担保体系便是强化农村金融支撑作用的一个重要突破。2015年7月,财政部、农业部、银监会联合印发了《财政支持建立农业信贷担保体系的指导意见》,整体部署了全国农业信贷担保体系的建设工作,并决定:调整部分农业补贴资金作为资本金投入农业信贷担保机构,发挥为新型农业经营主体提供融资担保服务的功能。2015年至2017年,国家先后将农资综合补贴资金20%的存量部分、种粮大户补贴试点资金和增量资金共计690亿元作为注册资本金,成立全国农业信贷担保体系。在各省、自治区、直辖市、计划单列市,成立省级农业信贷担保公司(简称省农担公司),并向市县延伸业务分支机构,直接为新型农业经营主体提供信贷担保服务。国家成立全国农业信贷担保联盟有限责任公司(简称全国农担公司),为省级机构分险增信。省农担公司和全国农担公司共同构成了完整的专门支持农业适度规模经营的担保、再担保组织机构体系。2017年5月,财政部、农业部、银监会下发了《关于做好全国农业信贷担保工作的通知》,就进一步做好全国农业信贷担保工作提出了明确要求,做出了具体部署。

截至2018年末,全国33家省级农担公司共设立分支机构1 520家,对全国1 050个主要农业县的业务覆盖率达到90%以上;全国农担体系累计新增担保项目32万个,金额1 144亿元,相较于注册资本金,政策效能放大2.14倍,全国性的上下联动、紧密可控的农业信贷担保网络体系基本建成①。

各省级农担公司积极探索设计符合本省特点和新型经营主体需求的担保产品,平安普惠与省级农担公司合作,共同开展政策性农业融资业

---

① 数据来源:国家农业信贷担保联盟有限责任公司. http://guojianongdan.cn/.

务。其服务对象是符合政策性业务标准的适度规模经营主体，要求经营情况稳定，无不良征信记录，符合农担公司申请条件。信贷资金仅限于经营用途，资金使用成本按项目来源、行业、地区进行阶梯定价。省农担与平安普惠担保采用共保模式，按8∶2分摊责任，双方审核后，由平安普惠旗下小贷公司完成放款。其中，农担公司负责借款申请材料收集及现场尽调、核保，承担80%担保责任和贷后催收、回访职责；对坏账理赔80%，再进行追偿。平安普惠担保机构先基于审批结果进行核保，承担20%担保责任，对坏账理赔20%，再与农担公司共同追偿。这种共保模式分担了农户信用风险，作为资金方的小贷公司只有担保违约风险。各方风险的有效化解能够更加充分地调动参与保险扶贫的积极性。

专栏：平安普惠乡村振兴公益产品的创新特点

平安普惠整合集团内部资源，与省级农担公司合作，共同开展政策性农业融资业务，提供资金、分担风险。其服务对象是符合财农〔2017〕40号文政策性业务标准的适度规模经营主体，要求经营情况稳定，无不良征信记录，符合农担公司申请条件，信贷资金仅限于经营用途。

在营销获客环节，平安普惠联合各类主体协同进行，在多年业务积累的基础上，引入农担公司等机构合作方，充分发挥其服务下沉的优势。农担公司在日常工作中下沉到基层，贴近农业农村融资需求进行业务开掘，在县、乡、村的支持下，通过摸底调查、村镇公式，把碎片化的农业适度规模经营主体的信息梳理整合，作为产品设计的数据支撑。

除了省级农担公司,还有公益组织、农业基层专业机构等发挥在获客方面的优势。

在风险评估环节,平安普惠、增信方和资金方分别独立进行。平安普惠依托其业务运营经验,对借款人进行初步风险评估。农担公司借助其基层经验和产业数据优势对信贷底层资产进行风险评估和承包决策。小贷公司基于其风险管理能力和偏好进行最终借款决定。多方评估使对借款人的风险画像更加精准。

(资料来源:平安普惠官方网站 https://www.ph.com.cn/)

(六) 加强融资辅导和培育,拓宽贫困地区企业融资渠道

我国资本市场经过二十多年的发展,虽然已初步形成了包括多元化主体在内的全国性资本市场体系,但从资本市场支持实体经济发展的程度看,还存在功能未能全面发挥、整体效率不高的问题,尤其是在贫困地区,资本市场支持实体经济发展的力度是远远不够的,资本市场对实体经济的助推力没有得到激发。因此,支持贫困地区的龙头企业扩大直接融资规模,拓宽企业融资渠道,从而实现优质企业的提质增效,可以带动贫困地区经济发展、产业优化、就业增加、市场完善,进而带动地区整体发展和贫困人口脱贫致富。这是金融助推脱贫攻坚的一个重要支撑点。

首先,可以通过设立证券、期货、保险、信托等分支机构,扩大业务覆盖范围。其次,加强对贫困地区企业的上市辅导培育和孵化力度,结合地方产业特色,完善上市企业后备库,帮助更多企业通过多层次资本市场进行融资,并对深度贫困地区企业开通"绿色通道"。最后,支持贫困地区的各类企业通过各种金融工具,拓宽资金来源,强化金融支

持。鼓励符合条件的上市公司和非上市公众公司通过增发、配股，发行公司债、可转债等多种方式拓宽融资来源。支持期货交易所研究上市具有中西部贫困地区特色的期货产品，利用期货市场套期保值和风险管理。鼓励符合条件的贫困地区企业通过发行债务融资工具筹集资金，安排更多的信贷资源支持贫困地区小微企业发展。

三、中国金融扶贫实践中存在的主要问题

自20世纪80年代中期我国实施扶贫开发以来，金融扶贫始终贯穿于开发过程之中，从最初的扶贫贴息贷款到小额信贷扶贫，再到现在全面综合性金融精准扶贫政策和实践的形成，金融在支持扶贫、脱贫的工作进程中取得了显著成效，有效化解了贫困地区经济社会发展、惠农支农的小微企业以及贫困家庭发展相关生产等方面的部分资金约束。但总体来看，金融扶贫的效率还是偏低，突出表现在参与金融扶贫的三大主体——政府、金融机构、扶贫对象的能动性尚未得以协调发挥，政府的引导作用发挥不充分，金融机构参与的积极性仍受财务绩效的制约，扶贫对象利用金融资源发展生产、增加收入的意识和能力较低，内生发展动力不足。这其中有长期形成的历史遗留问题，如伴随二元经济结构而形成的二元金融结构，导致农村金融发展滞后；有体制机制不协调、不通畅的问题，如相关法制规范不健全，政策体系不完善等；有市场功能发挥不充分问题，如定价机制未反映成本和收益，供需之间存在明显缺口，风险防控体系有漏洞等；也有深植于人们思想和认知深处的文化素养问题，如大部分贫困群体的受教育程度低，金融知识匮乏，风险防控和承受能力弱，金融综合素养较低；等等。总之，金融扶贫效率低下的

现状是各种因素综合作用的结果。因此，需要分类探寻并总结问题存在的根源，从而有针对性地实施改进性措施，更好地发挥金融对于精准扶贫的支持作用。

（一）农村金融发展的有关法律法规处于空白状态，缺乏规范发展的法制前提

政府发挥职能的一个重要方面就是为市场成长提供合理的政策环境和必要的法规，当市场缺乏和约束制度不规范时，政府应当积极培育市场，规范市场运作。但目前，我国农村金融监管处于一种低效状态，突出表现在监管法规滞后、监管基础薄弱、监管约束机制缺失等。例如，随着准入政策的放宽，村镇银行等新型农村金融机构相继成立，在广大农村的分支机构逐渐增多，而专门针对这些新型金融机构的监管法规，如合作金融法、社区银行法等，尚处空白，成为农村金融监管的真空地带。我国农村金融的法制不健全，使得各类经营主体不能在法制框架内享有权利、承担义务，也无法避免政府的不正当干预，严重阻碍了金融扶贫的有序发展。

（二）开展金融扶贫的相关政策配套不够，参与扶贫开发的动力不足

近年来，人民银行、财政部、银保监会等监管部门出台了不少金融扶贫政策，但针对贫困地区的差异化金融监管政策配套不够、货币信贷政策落实不到位，金融机构将资金用于贫困地区的动力不足。现有扶贫专项资金投入与贫困地区需求出现错配，难以解决资金匮乏的实质性问题。财政资金作为风险补偿金占比较小，扶贫资金有限，难以发挥"四两拨千斤"的作用。此外，这些政策本身并未得到科学评估和检验，而且有些政策需要形成一个长期的制度化安排来稳定市场的预期。

因此，完善相关政策配套，并将政策落到实处，才能真正发挥政府的引导作用，调动各类主体参与扶贫开发的积极性。

（三）金融扶贫各参与主体间的沟通协调机制不通畅

当前，政府、金融机构、扶贫对象、科技企业等构成我国金融扶贫的参与主体，但各参与主体间的沟通协调机制不通畅是农村金融扶贫事业受阻的一个重要原因。以传统商业银行参与扶贫为例，政府和商业银行之间由于缺乏有效的沟通协调机制，经常会出现政策不清晰，分工不明确，沟通不通畅，执行不协调等问题，导致金融资源的匹配性不高、精准性不强。政府和扶贫对象之间还未形成脱贫合力，部分扶贫对象认为扶贫的金融资源就是"免费的午餐"，致使内生发展动力不足，金融资源的"造血"功能不明显。商业银行和扶贫对象之间也存在不协调性问题，如现有小额贷款的高利率使得贫困农户对其持犹疑态度，而涉农贷款的高不良率又使得商业银行对金融扶贫望而却步。另外，政府本身也因为信息渠道不通畅，获得信息不充分，致使扶贫资源分配不合理、定位不精准等，最终导致金融资源配置效率不高、金额扶贫效果不理想。因此，打通各主体间的沟通协调机制也至关重要。

（四）农村金融基础设施薄弱，成为扶贫金融发展的阻力

我国农村金融始终是整个金融体系的薄弱环节，突出表现为农村金融市场的不完全发育，这其中有金融的问题，也有超越金融的问题。一直以来，金融机构网点覆盖率低、金融产品和服务种类单一、金融服务满意度差等金融抑制现象的存在使我国农村金融资源供给严重不足。我国学者杜晓山将我国农村金融存在的问题主要归结为：为现代农业发展服务不足，多样化、多层次服务不足，农业保险不足。

从金融机构角度看，主要是由于以下一些原因：政策性金融机构基

层网点少,支持农村金融发展的作用有限;商业性金融机构本质上是逐利的,风险管理成本过高导致开展扶贫金融业务的积极性不高;聚焦于服务小微企业和贫困群体的小微型金融机构数量少,发展不充分;各类金融机构之间缺乏共同开展金融扶贫的协调机制,致使整体扶贫效率低下,总体上看农村金融布局明显弱于城市金融建设。从农业、农民、农村的现状角度看,农业抗风险能力差,农民缺乏有效的抵押担保物品,农村市场发育不健全、生态环境落后,因此传统金融机构在农村尤其在中西部贫困地区农村提供服务的积极性不高,金融机构下沉和现代化金融服务设备普及力度明显不足。农村金融基础设施在覆盖范围、综合服务能力、现代化设备普及等方面还有较大的进步空间。

(五)金融扶贫的对象整体金融素养较低,内生需求不足,发展动力不够

现实中存在的金融需求不足是阻碍市场发育的另一个重要因素。金融扶贫的对象主要是分布在农村地区的贫困群体,其金融基础知识匮乏,新型金融工具应用能力薄弱,责任意识和风险意识有待增强,金融综合素养整体偏低,这使其金融服务的接受情况相对较差,在一定程度上影响了部分金融产品和服务的推广和普及,从而不利于金融扶贫功能的发挥。加之缺乏合适的投资机会、观念保守等因素,关于扶持农户发展的各类政策落地遇到较大阻力,使得农村金融资源的配置效率大打折扣。

2017年,中国人民银行金融消费权益保护局组织了国内第一次有关消费者金融素养的大规模问卷调查,在全国31个省级行政区划单位(除港澳台地区)各随机抽取600名金融消费者进行问卷调查,全国共18 600个样本。从调查的主要内容看,此项调查涵盖了金融产品认知与选择、财务规划、储蓄与物价、银行卡管理、反假货币、贷款常识、信用管理、投资理财、保险知识、金融教育、账户使用及贷款状况和消费者基本情况一共十二部分内容，基本涵盖了衡量消费者金融素养的各个主客观方面的内容。统计结果显示，"全国的金融素养指数平均分为63.71，标准差为15.03，中位数为65.74"。[①] 总体来看，我国民众尤其是农村地区民众的金融素养处于较低水平，发展国民金融教育、提高公民金融素质的任务十分紧迫。

国际经验也表明，没有与经济、金融发展相匹配的国民金融素质，就不具备经济、金融发展的广泛基础。美国金融危机爆发的根源之一便是国民金融素质不足，由于次级贷款利率是浮动的，先低后高，相当部分次级贷款借款人在贷款时没有深入了解与贷款有关的利率浮动情况，导致在贷款利率增加之后，超过借款人自身的偿还能力，被迫违约。如果贷款人具备一定的金融常识，在贷款前对金融产品有充分的了解，金融危机的深度就可能有所缓解。因此，国民金融素养低是阻碍一国金融乃至经济健康的重要方面，影响了金融产品和服务的获得和使用。

四、金融扶贫需要处理好的几个关系

（一）正确处理政府与金融机构之间的关系，厘清两者的行为边界

金融扶贫要解决的是将金融资源导入贫困地区和贫困群体并转化为其持续自我发展的能力。金融资源天生带有逐利性和效率性，而我国的

[①] 中国人民银行金融消费权益保护局. 消费者金融素养调查分析报告（2017）[EB/OL]. www.pbc.gov.cn.

贫困问题集中发生在广大农村地区，尤其是偏远的中西部农村地区，这些地区产业配套落后，加之农业本身带有脆弱性，容易受到自然环境、市场变动等外部条件的冲击。此外，贫困农户缺乏有效的抵押物、信用评价难度大、金融素养较低等客观现实的存在，使得在农村开展金融服务呈现高风险、高成本、低收益的特点，这显然是与金融资源的效率特性相悖的；而且金融资源在贫困农村和农户的配置效率还受制于农村社会的经济状况、社会发展水平、文化结构等现实情况。这是市场失灵在贫困领域的重要表现，也是金融扶贫的难点所在。因此，开展金融扶贫首先要处理好政府与市场的关系，厘清两者的行为边界，政府既要做到不缺位，又要做到不越位。

政府和市场的关系是贯穿于市场经济理论和实践发展的一个重要主题。纵观西方资本主义国家市场经济发展历程，有两种理论观点交替占据主导地位，即政府干预主义和自由放任主义。以亚当·斯密为代表的古典经济学派推崇市场自由竞争，认为市场能够通过价格等机制来自发调节资源配置，政府只需充当"守夜人"的角色，当市场在某些领域不能有效发挥作用而导致社会资源无法得到有效配置时，才需要政府的介入。这是一种将政府作用定位在矫正市场失灵的分析范式。20世纪30年代，经济危机的爆发彻底暴露了自由放任主义的弊端。反思经济危机爆发的原因以及自由主义的弊端，凯恩斯提出用以总需求管理为核心的国家政策对经济实行干预。然而，20世纪70年代，西方严重"滞胀"现象的出现，否定政府作用的新自由主义兴起。2008年，国际金融危机爆发，人们又陷入对新自由主义的反思。回顾以上历程可以发现，政府与市场的关系问题贯穿于整个市场经济发展过程中，但两者已不是非此即彼的完全对立，而是兼顾彼此地走向融合，两者关系问题的

"核心转变为二者在不同条件下的作用空间的合理定位"①。

我国在建立社会主义制度以后，同样面临着如何认识和处理政府与市场关系这一重大理论和实践问题。党的十一届三中全会之后，我党开始探索把计划和市场有机结合起来的体制机制。直到党的十四大，明确提出我国经济体制改革的目标是建立社会主义市场经济体制，使市场在国家宏观调控下对资源配置起基础性作用，这是中国特色社会主义市场经济理论的一项重大突破，为我国改革开放和经济社会发展提供了方向和思路。党的十四大以来，党和国家在实践中持续探寻关于政府与市场关系的新的科学定位。

党的十八大以后，在中央政府的引导下，经济发展的理念和方式正在发生变化，政府与市场的行为也在发生积极的变化。党的十八届三中全会提出，使市场在资源配置中起决定性作用和更好地发挥政府作用。党的十九大进一步回答了如何加快完善社会主义市场经济体制、什么是经济体制改革的重点等重大问题，为在新的历史时期进一步理顺政府和市场的关系指明了方向。我国经济体制改革的实践表明，政府的干预应始终围绕发挥市场的基础性作用、弥补市场不足、改善市场效率。

我国金融行业的改革进程也是始终按照市场化的方向致力于厘清政府和金融机构的行为边界。以银行业改革为例，1984 年，中央银行和商业银行分设，中国人民银行作为在国务院领导下管理全国金融事业的国家机关，专门行使中央银行职能；1994 年，为将商业银行办成真正的商业银行，成立专门的政策性银行，承担原有的政策性金融业务；1995 年开始实施的《商业银行法》规定："商业银行依法开展业务，不

---

① 陈雨露，马勇. 中国农村金融论纲 [M]. 北京：中国金融出版社，2010：159.

受任何机构和个人的干涉",从法律上明确了商业银行的经营自主性;2003年底以来,国有商业银行改革,按照财务重组、设立股份公司、引入战略投资者和发行上市等几个阶段分步实施,不断向现代企业制度深化。总结过去一个时期的银行业改革历程,尽管不同时期有特定的经济金融环境,金融改革的中心任务会有所不同,但都体现了对市场化改革道路的探索,都致力于使银行成为具有独立性和良好公司治理机制的商业机构。

因此,做好金融扶贫的关键所在,就是处理好政府行为与市场机制之间的关系。要利用好金融资源来参与反贫困实践,必须依靠政府的引导和协调作用;同时,政府又要做到不越位,通过合理的机制来调动起各类市场主体参与扶贫的自主性和积极性,不能过分扭曲市场激励,不能否认商业性金融机构的商业特性,从而保证金融扶贫的可持续性。具体来说,发展普惠金融、推动金融扶贫,就是要在政府相关政策的支持下进行市场化操作,走保本微利的可持续发展之路。

根据亚洲开发银行(ADB)提出的三叉理论,政府在金融扶贫中的作用主要包括三个基本支柱[①]:一是建立有利于农村金融持续发展的政策环境;二是完善金融基础设施;三是促进机构的发展。

(二)认清财政与金融的区别与联系,发挥好两者的政策合力

财政与金融是国家宏观调控体系不可或缺的组成部分,共同构成国家的经济支柱和发展基础。一般来讲,财政政策侧重于经济结构调整,发挥对定向调控的支持作用,服务于中长期经济发展战略。金融政策更加侧重于短期总需求调节,以保持价格稳定和经济总量平衡,为供给侧

---

① 陈雨露,马勇. 中国农村金融论纲 [M]. 北京:中国金融出版社,2010:161.

结构性改革提供适宜的货币金融环境。合理界定财政政策与金融政策各自的边界，加强两者的协调，形成政策合力，是高效实现国家宏观调控目标的应有之义。

具体到扶贫领域，财政与金融都是助力实现扶贫目标的有效手段，但金融扶贫与财政扶贫却有诸多不同。基于两者的区别和联系，财政和金融需要分别做出政策安排，进而形成政策合力。推动财政向公共财政转型，核心是财政尽量不直接参与经济建设和市场活动，主要为维护市场提供必要的公共物品和公共服务。因此，财政扶贫主要解决因自然禀赋差异导致的贫困，如扶残救弱、促进公共服务均等化等。金融更加贴近市场，因此，金融扶贫主要解决因市场估值导致的贫困，通过金融体系实现要素的合理配置，结合其他生产要素，提高个人劳动生产率和企业产品附加值。

长期以来，我国扶贫开发资金需求与供给之间存在巨大的缺口，仅仅依靠政府的财政投入难免不足，需要发挥财政资金的杠杆作用，来撬动更多金融资本和社会帮扶资金投入扶贫开发。尤其要统筹利用好财政涉农资金，以此建立风险补偿基金和财政贴息基金，进而构建起融资担保和风险补偿机制。然而在现实中，受多方面因素制约，财政扶贫资金与金融扶贫资金的协作效应并未得到充分发挥，应进一步探索财政资金撬动金融资本的最好方式，实现两者效力的共同提升，真正发挥出"造血"的功能。

（三）理性对待金融机构追求商业利益与实现社会责任，寻求合适的平衡点

社会科学的本质是关于人的科学，现实中的"人"是其核心的研究对象。对于人及其本性的认识一直存在着不同的理论观点。其中有一

种观点认为：人是多维度的，人的幸福有多种源头。基于这种观点，国际知名的穷人银行——孟加拉国格莱珉银行（Grameen Bank）的创办者尤努斯博士指出，现存资本主义理论的最大缺陷在于对人性的误读。这种误读在经济学领域主要表现在：主流西方经济理论的出发点在于对理性经济人的假设，所谓"理性经济人假设"，强调在市场经济中，个人参与市场经济活动的动机在于追求个人经济利益最大化，并会自动地增进社会福利。

尤努斯博士认为，这种理论预设就是对人性的扭曲，因为人的幸福源泉并非只来自经济利益。要纠正这种扭曲，"就必须将经济理论中的单维度人换成多维度的人，即同时具有自私和无私特质的个体。当我们这样做之后，商界的景象会立即为之一变。我们会看到社会需要两类企业：一类为了私利，另一类则致力于帮助他人"[①]。这一类致力于帮助他人的企业便是尤努斯所推崇的"社会企业"。社会企业就是要在追求商业利益的同时追求社会效益的最大化，从而真正实现社会福利的最大化。

从金融机构的角度来看，金融扶贫是在一定的政策环境下金融机构基于社会责任而在资金使用区域和对象方面做出的特别调整和安排。商业性金融机构的本质属性仍然是企业属性，做好风险防控，实现商业利益，是公司治理的基本逻辑。然而，作为一个社会参与主体，金融机构又有义务去主动承担社会责任，从某种意义上说，金融机构应具备社会企业的属性。因此，金融机构开展金融扶贫应把握好实现企业利润与发挥社会效应之间的平衡，寻求一个合适的平衡点，既不过分苛求金融机构单纯追求社会效益，更不能唯利润是图而拒绝承担社会责任。

---

① 杜晓山. 普惠金融理论与实践的困惑和探究——逐利性 VS 弘义性［N］. 金融时报，2015-08-24（9）.

具体来说，金融系统要从国家发展、社会进步的全局出发，在内部授权、绩效考核、资源配置等方面对贫困地区予以倾斜，通过持续、有效的金融资源投入来缓解贫困地区发展、贫困人口脱贫致富所面临的资金约束。对于每一个金融企业而言，其经营目标就应该包含承担必要的社会责任。

五、本章小结

随着精准扶贫、精准脱贫工作的持续深入开展，金融对于脱贫攻坚的支撑作用日益显现。当前，我国主要是通过财税、货币、信贷、监管等支持政策来调动市场主体参与扶贫的积极性，引导各类金融机构发挥主体作用，规范发展扶贫小额信贷，积极推动金融科技扶贫、保险扶贫、金融教育扶贫等方式开展金融扶贫工作，并取得了初步的成效。与此同时，也暴露出一些问题，主要有农村金融政策法律法规配套缺失、农村金融基础设施薄弱、农村金融扶贫对象金融素养较低等。围绕这些问题，应该从处理好政府与市场的关系、厘清两者的行为边界，加强财政与金融的协调配合、发挥两者的政策合力、实现金融机构追求商业利益与社会责任的平衡等方面出发，把握好金融扶贫的初衷和方向，从而发挥出金融支持打赢脱贫攻坚的巨大潜力。在具体的实践中，各级政府、各类金融机构、非政府组织、非金融的科技企业等多种主体，分别进行了卓有成效的探索，如平安普惠的农业信贷担保模式、河南卢氏县的信贷扶贫探索等，在解决具体难题的同时，提供了一些可供借鉴和复制的有效经验，应客观评价各类金融扶贫实践的绩效，总结存在的突出问题，找准我国未来开展金融扶贫的着力点，进一步拓展有关金融扶贫的研究思路和分析框架。

第五章 国外金融反贫困实践：经验及启示

自20世纪70年代孟加拉国格莱珉银行开始试行为低收入群体提供小额信贷业务以来，专注于为低收入、弱势群体提供金融服务的小微金融在世界范围内迅速发展起来。2005年，联合国提出并倡导发展普惠金融，在既有的小额信贷实践、微型金融发展的基础上，最终汇流为各国纷纷构建普惠金融体系、大力发展普惠金融的发展趋势。本章将探索孟加拉国、印度尼西亚、巴西、墨西哥、肯尼亚等发展普惠金融、开展扶贫金融较有代表性的发展中国家，分析其发展规划和模式，总结其有效经验，从而为我国当前开展金融扶贫提供一些有益借鉴和启示。

一、孟加拉国格莱珉银行金融扶贫实践

孟加拉国格莱珉银行[①]（Grameen Bank，简称GB）成立于1976年，最初是由穆罕默德·尤纳斯（Muhammad Yunus）博士创建的，旨在为穷人提供金融服务，经过从村到县的七年试验，最终于1983年得到政府的认可并在其支持下转变为独立的银行。格莱珉银行在为低收入群体提供信贷服务的同时，又能成功维持机构自身的生存和发展，开创了信

---

① Grameen 被译为格莱珉，是乡村的意思，因此孟加拉国乡村银行通常被称为孟加拉国格莱珉银行。

贷扶贫的 GB 模式，成为国际上扶贫金融实践的成功典范，发展中国家纷纷效仿，在世界范围掀起了发展小额信贷的热潮。我国政府也给予 GB 模式以高度关注，并明确提出参照 GB 模式发展我国的小额信贷。总结其成功经验，可以概括为科学的内部治理、市场化的利率机制、以需求为导向的产品设计以及灵活的还款方式等方面。具体阐释如下：

一是具有合理的内部治理结构及方法。GB 实行董事会领导下的总经理负责制，董事会成员有 13 人；其中，总经理是执行董事，三名董事由政府提名的人选担任，其他成员从借贷者和股份持有者中选出，包括贫困妇女的代表。在成立之初，GB 便得到政府的支持，政府是银行的大股东。随着扶贫金融业务的发展和扩大，政府股份占比下降，银行产权逐渐下放，贫困贷款客户的股份越来越多，以产权激励的方法推动机构的持续发展，实现真正为穷人服务。截至 2015 年底，"GB 会员持有 76.01% 的股份，而且每个会员的股份都是相同的，其他 23.99% 的股份分别由孟加拉国政府以及政府控股的两家银行——Sonali 银行和 Krishi 银行持有"[①]。

在具体的治理结构上，格莱珉银行分为总部、大区行、地区行、分行四个层级，呈现金字塔形。银行总部每年召开一到两次大区行经理会议，探讨发展过程中遇到的主要问题、提出有效的解决措施并做出未来发展规划。其他的经营决策权和管理职能则下放给地区行和分行，这大大提高了管理效率。银行内部设有通畅的信息交流与反馈机制，选举出的女性董事会成员通常主要承担信息反馈的职责，代表借款人反映遇到的一些实际问题。

---

① 杜晓山，张睿，王丹. 执着地服务穷人——格莱珉银行的普惠金融实践及对我国的启示 [J]. 南方金融，2017 (3).

除此之外，GB 还建立了群众组织——信贷小组和中心会议。信贷小组由同一社区经济地位相近的 5 名贫困者自愿组成，其中 1 人为组长。每周各小组成员必须定期召开中心会议。小组成员必须经过培训且合格后才能正式获得成员资格，每一个成员既要保证自己能合理利用贷款并努力偿还，还要帮助、监督或鼓励小组其他成员合理利用、努力偿还贷款。信贷小组模式的主要作用在于形成潜在的道德压力，因为只有所有成员都做到了以上要求，才有机会继续获得贷款。后来，GB 也修正了小组贷款模式，不再追究小组成员的连带责任，银行会适度调减还款额度，帮助借款人渡过难关。这种方法既降低了还贷风险，也加强了小组成员之间的沟通和联系。GB 2015 年和 2016 年的还款率分别为 98.47% 和 99.06%。

二是聚焦于更好地为会员服务的持续创新。GB 的贷款模式经历了"格莱珉一代"模式和"格莱珉二代"模式两个阶段。"格莱珉一代"模式的核心特征是小组放贷、每周分期等额还款、中心会议、持续后续贷款等。这一模式成功扩大了金融服务的覆盖范围，且还贷率较高。1998 年，孟加拉国遭遇罕见的洪涝灾害，GB 的贷款客户在此次灾害中伤亡数量较大，产生了小组和中心会议无法组织、银行贷款坏账增多等一系列问题，给 GB 带来巨大损失。此次灾害过后，GB 开始反思其内部治理和业务模式，并于 2000 年开始探索如何进一步创新和完善银行的运行规则与制度。经过多年的实践摸索，"格莱珉二代"模式逐步形成，新的模式在贷款额度、期限结构和还款机制等方面更加灵活、更加便利、更突出个性化。"格莱珉二代"模式不再使用小组联保模式，每位成员都可以开设自己的储蓄账户，享受一定的贷款上限，而小组的作用主要在于以小组为单位进行中心会议，为加强成员之间的沟通与交流提供一个重要平台。GB还通过创新无抵押贷款，设置多种灵活的还款方式，如借款人可根据实际需要自愿调整还款是否分期、分多少期以及分期还款的额度等，来最大限度地满足借款人的需求。

GB提供的金融产品和服务方式不断创新，业务范围由原来仅接受小组成员存款变为接受公众存款；信贷产品围绕客户需求进行了个性化定制，在第二代模式中只有五类贷款产品：基本贷款、住房贷款、高等教育贷款、微小企业贷款和乞丐贷款，这种信贷产品模式体现了"授人以渔"的经营理念。截至2015年底，"在孟加拉国农村已有超过109 000名乞丐获得格莱珉银行的贷款服务，其中16 905名乞丐转变为挨家挨户售卖小商品的人，9 029名乞丐加入了小组成为格莱珉银行的常规借款人"[1]。格莱珉银行在鼓励借款的同时还设立了强制性的养老金储蓄，要求每一位借款客户都要定期向一个养老金存款账户存入固定数额的款项，以此来帮助其客户养成储蓄的习惯和管理风险的能力。

自"格莱珉二代"模式实行以来，GB的存款额、贷款额、会员数量、利润等均有大幅增长。截至2016年底，"GB拥有8 901 610名会员，其中，97%为妇女会员，包括77 582名乞丐会员；银行机构及业务覆盖了81 395个村庄，约占孟加拉国村庄总数的93.16%；累计贷款发放额超过了200亿美元，累计贷款回收额超过了180亿美元，贷款总余额为18.1亿美元"[2]。

三是拥有充足的资金来源。在成立之初，GB的资金主要来源于政府补贴和社会捐赠。自1995年以来，GB明确不再接受任何形式的捐赠

---

[1] Grameen Bank. Annual Report 2015 [EB/OL]. Grameen Bank，2015. http：//www.grameen.com/wp-content/uploads/bsk-pdf-manager/GB-2015_33.pdf.
[2] 杜晓山，张睿，王丹.执着地服务穷人——格莱珉银行的普惠金融实践及对我国的启示[J].南方金融，2017（3）.

资金，完全依靠市场化运作获得资金，成为一家自负盈亏的机构。通过新产品的开发、新销售渠道的开辟来吸引更多投资者，加大资本金注入；同时，还吸引了诸多新的借款客户，这些客户在借款的同时还进行存款，提高了 GB 各项业务的市场占有率。

总之，GB 的扶贫救弱金融实践与其创始人尤纳斯博士所提倡的社会企业价值理念是一致的，并成为世界范围内践行社会企业理念的典范。尤纳斯认为：社会需要两类企业，一类为了私利，另一类则致力于帮助他人。第二类企业便被称为"社会企业"，"社会企业就是用市场化的手段创新性地解决社会问题"①。它具有公益性目标，通过市场化手段实现机构和财务的可持续，从而进一步扩大公益的再生产。这一价值理念与普惠金融的理念也是相容相生的。

二、印度尼西亚的普惠金融实践及其人民银行乡村信贷部

（一）印度尼西亚的普惠金融实践

20 世纪 80 年代起，印度尼西亚政府就承诺增强金融机构及其服务的包容性，通过机构改革和政策创新等举措，使得金融服务真正成为所有群体都可享有的平等机会和权利。

印度尼西亚各级政府鼓励大力发展微型金融机构，包括印度尼西亚人民银行乡村信贷部在内的诸多正规金融机构都是微型金融的重要参与者，如商业银行、农村银行、合作社等。目前，印度尼西亚拥有超过 5 万家微型金融机构。为了进一步拓宽金融服务的覆盖范围，印度尼西亚

---

① 杜晓山，张睿，王丹. 执着地服务穷人——格莱珉银行的普惠金融实践及对我国的启示[J]. 南方金融，2017（3）.

政府还致力于发展"无网点银行业务模式",实现为偏远地区的农村人口提供金融服务的可能。

印度尼西亚重视金融消费者教育和权益保护。一方面,大力发展金融教育,普及基础的金融知识,加强金融意识的养成。另一方面,印度尼西亚央行专门设立了"消费者保护委员会",建立消费者投诉机制,专门受理各类消费者投诉,提高金融机构对提升服务质量的重视程度;成立调解机构,化解业务办理过程中出现的各种矛盾;实现金融产品信息透明化制度,要求银行提供的所有产品都应以书面形式明确告知客户该产品的有关信息,保证消费者的知情权。

(二)人民银行乡村信贷部

印度尼西亚人民银行是印度尼西亚的五大国有银行之一,也是世界上最成功的乡村银行之一。其业务主要包括零售银行、商业银行、投资银行和农村小额信贷四个板块,其中专门设立乡村信贷部承担农村小额信贷业务的经营和管理,取得了巨大的商业成功,现已发展成为印度尼西亚最大的一家可持续发展的微型金融机构,拥有散布在城乡的 4 000 多个机构。

印尼人民银行成功开展金融扶贫,主要归结于五方面因素。一是合理锁定贷款对象,降低风险。其贷款对象主要是信用状况良好、有潜力的农村中低收入人群,面临发展的资金约束但具有发展生产的能力,进而具备持续的还款能力。二是贷款程序简单便捷。三是实行较高的贷款利率,保证利率水平覆盖其成本和风险,实现业务的可持续发展。四是通过在农村乡镇的中心设置村银行的方式来解决信息不对称的问题。五是大力保护消费者权益。

三、巴西的普惠金融实践

20世纪90年代以来,巴西政府开始实施向小微企业和低收入家庭提供金融服务的普惠金融项目。在项目实施的初期,巴西央行通过金融普惠论坛等平台引导各方围绕微型金融等展开讨论,发布普惠金融报告,继而推进合作。在国内,巴西央行与财政部、社会发展部等部门开展积极合作,共同致力于普惠金融制度的框架建设;在国际上,巴西积极参与二十国集团普惠金融专家组的讨论,并与金融包容联盟、世界银行扶贫协商小组等国际组织展开广泛合作,尤其关注科技在普惠金融发展过程中的重要作用。具体来说,主要包括以下做法:

一是加强金融法制建设,完善顶层设计。一方面,以法律的形式保障普惠金融服务的发展。如法律明确规定要制定金融支持小微企业的发展计划,且银行要按活期存款额2%的比例向小微企业及创业者提供小额信贷。另一方面,于2011年成立了由中央银行、财政部等10多个部门共同组成的巴西全国普惠金融委员会(PNIF),其目标就是在全国范围内形成一个推动普惠金融发展的行动计划,鼓励金融机构提供普惠的金融服务,使得所有民众都能够享受金融服务;此外,还大力发展金融教育,提高金融信息的透明度,有效地保障金融消费者的合法权益。

二是推广代理银行模式,拓宽服务渠道。代理银行业务模式就是使银行与零售商店、邮局等非银行机构在金融服务领域签订合作协议,由非银行机构来代理存款、取款、转账等基础金融服务。客户在代理机构办理业务,不需要拥有银行账户,从而降低了金融服务的接受门槛,使得没有银行账户的低收入、弱势群体有了接触并享受金融服务的机会。

三是创新金融产品，大力推广小额信贷计划。巴西央行根据不同群体的信贷需求，设置了收入增长小额信贷计划和增强农村家庭计划等信贷计划，分别针对小微企业、低收入者、农民和妇女等特殊群体。在支持小微企业发展上，巴西法律明确要求各银行要按活期存款余额2%的比例向小微企业及创业者提供小额信贷，各类信贷计划一般采用简单的申请流程，无须抵押、担保，年利率低于商业信贷利率，真正惠及小微企业和弱势群体。

四是大力发展普及性的金融教育，注重金融消费者合法权益的保护。巴西央行牵头在全国推广"金融公民计划"（Financial Citizenship Program），这项计划覆盖所有民众，主张通过普及金融教育的实现，以民众易于接受的方式宣传开户、储蓄、贷款等方面的金融知识，帮助民众树立金融风险的防范意识，间接起到保护消费者权益的作用；此外，还要求金融机构提升业务操作和产品信息的透明度，降低信息不对称，实现金融消费者和金融服务提供者之间的良性互动。

四、墨西哥的普惠金融实践

2005年开始，墨西哥政府致力于推动普惠金融发展，先后采取了制定详尽的发展规划、成立专门部门、开展并加强国际合作等措施，其金融基础设施水平和金融服务便利程度得到明显提升。具体来说，墨西哥的普惠金融实践主要表现在以下几个着力点：

一是通过立法规范普惠金融运行。2012—2014年，墨西哥进行了全方位的金融改革，其中一项重要改革就是加强有关金融发展的立法规范。从法规和制度的层面，明确了墨西哥6家政策性银行的运行机制与功能定位。国家发展银行和国家储蓄与金融服务银行是两家主要承担为社会薄弱环节和弱势群体提供金融服务的政策性银行，国家法律对其职责要求做出了明确界定。此外，还修改了金融监管的相关法规，强化对发展普惠金融的监管职责，墨西哥银行与证券委员会分别下设普惠金融部，专门负责普惠金融发展的监管工作。

二是在国家战略层面，成立普惠金融国家委员会，负责制定并实施普惠金融国家规划，加强普惠金融体系构建的顶层设计。此外，还成立了保护金融消费者全国委员会、国家金融扫盲委员会，各国家委员会之间相互合作，互为配套，共同推进金融体系普惠性的全面实现。

三是健全金融机构体系，打通金融服务的各个渠道。墨西哥的金融机构体系包括发展性、政策性、商业性、微型金融机构等各类机构。其中，发展性金融机构具有筹资与增信等功能；政策性的国家发展银行、国家储蓄与金融服务银行主要承担了发展普惠金融、专注小微企业和低收入群体的金融业务，同时以资金转贷的形式将以国家信用发债募集到的低成本资金，投向商业性金融机构，为其提供中长期的低息贷款，用于支持小微企业和低收入群体。

此外，墨西哥还有三类非银行的小型私营信贷机构，分别是微型金融机构、社区金融机构、合作信贷与储蓄机构。与一般意义上的机构定位相同，墨西哥的微型金融机构主要对一般公众办理存贷款业务；社区金融机构作为借鉴社区理念开设的金融机构，只在农村地区开展业务；合作信贷与储蓄机构作为合作金融的一种实现形式，服务对象则仅限于内部成员，这种形式有助于风险的管控和服务质量的保证。以上三类机构的资金来源都是通过政策性银行专门用于支持低收入群体的低成本转贷资金。

四是通过发展代理网点的方式拓宽服务渠道。墨西哥法律对于银行代理网点的发展有明确规定，代理点广泛分布于边远地区。法律允许金融机构通过第三方提供服务，但每个代理点只能与一家银行机构开展合作，业务范围、交易金额等方面都有严格的限制。"截至 2015 年末，墨西哥已有银行代理点 27 422 家，覆盖到该国 57% 的基层行政区、94% 的成年人口"[1]，代理点是当地居民获取金融服务的主要途径。

五是通过创新丰富普惠金融产品与服务。建立账户分级制度，针对不同的客户需求，设计了 4 级账户，对不同级别的账户实现不同的开户要求；其中，第 1 级别的账户开设程序最简化，开户要求也最低。通过不同种类的金融产品，逐步培育弱势群体接触和利用金融服务的意识和能力。

六是发展国家金融教育，加强普惠金融发展程度评估。墨西哥的国家金融扫盲委员会有计划地在全国各地开展金融知识普及项目。重视普惠金融统计分析和信息披露，通过专门的普惠金融统计体系，分门别类地定期收集各地区、各金融部门的有关数据，着重加强关于金融供给的数据分析，每年组织撰写情况报告并向公众发布。扫盲委员会还与墨西哥国家统计与地理研究所合作，每 3 年进行一次面向全国居民的普惠金融需求调查，形成相关报告并公开发布，使得政府进行政策制定和金融机构进行商业决策时有据可依。

五、肯尼亚的普惠金融创新

肯尼亚是一个金融系统相对成熟的非洲国家。2009 年，肯尼亚政

---

[1] 焦瑾璞. 普惠金融的国际经验 [J]. 全球瞭望，2014 (10): 16.

府制定了"2030年远景规划",旨在促进金融体系包容性发展。肯尼亚在推动普惠金融的发展进程中主要做以下两点:

一是通过法律明确支持小微金融发展,推行"代理银行"模式。2008年5月,肯尼亚通过《小微金融法案》,鼓励发展各类金融服务机构,促进市场竞争,为小微企业和贫困家庭提供多元的优质金融服务和产品。代理机构能够以较低的成本为更广泛的人群,尤其是被传统金融业务所排斥的低收入群体提供现金存取款、支付账单、查询余额、收集开户表格等业务,因此肯尼亚的《银行法》与《小微金融法案》均允许金融机构通过设立代理机构的形式,向顾客提供特别的金融服务。

二是普惠金融发展的一个重要推手就是手机银行的推广。M–PESA是肯尼亚的手机转账和支付体系,其便捷、低成本、广覆盖的特点全球知名。肯尼亚金融监管当局对于这一系统的开发和推广给予了大力支持。它主要是通过授权通信运营商Safaricom试运行M–PESA,推动M–PESA和其他手机支付项目得以迅速发展。用户通过移动电话操作,可以将货币保存在虚拟的"贮值"账户里,也可以通过本地的M–PESA代理商进行存款、取款、转账等。电信运营商负责汇集客户存储在M–PESA账户上的资金,并委托商业银行集中管理。手机银行在农村地区的迅速普及,使得广大农民享受到快捷的金融服务,延伸了金融服务的广度。但也应注意到,这是一项高风险的技术应用,对此应持审慎的态度。

六、本章小结

纵观扶贫金融在世界范围内的发展历程,金融作为支持反贫困的一项重要手段和工具，在一些发展中国家取得积极成效，尤其是孟加拉国、巴西、肯尼亚等国的微型金融、普惠金融发展都积累了基于本国经济社会发展现实的典型经验。梳理以上国家的普惠金融发展进程以及金融支持薄弱领域和弱势群体的具体实践，有以下几点经验值得借鉴：

一是政府的大力支持。一方面，政府通过立法规范和制度建设，为普惠金融、金融扶贫的规范发展提供法制保障，支持金融创新，鼓励开放和竞争；另一方面，政府采取适当的政策措施来协调共同发展，重点解决信息不对称等难题，大力推动金融扶贫工作的开展。

二是注重金融创新，丰富金融产品和服务的内容和形式。在开展金融扶贫工作时须采用差异化、特色化战略，如格莱珉银行的"乞丐贷款"，围绕贷款客户的实际需求，制定能够有效满足其需求的个性化金融产品。

三是加强公民金融教育，提升国民金融素养、保护金融消费者权益。为对本国民众金融素养的整体情况有一个全面掌握，各国家均设计了一套合理的评估体系，开展金融素养调查，根据结果有针对性地制定教育规划，为普惠金融服务的推广扫除需求方面的障碍。

但是，普惠金融、扶贫金融的发展对于反贫困的实际效应评价，无论是在理论界还是实务界都存在一些争议，争议的焦点在于如何实现社会目标与商业目标的兼容。而且，在实际的发展过程中，也出现了一些与初衷相背离的现象。比如，在践行农村金融市场化和自由化改革的拉美国家出现了所谓的"拉美现象"，即众多的商业化农村金融机构只愿为低端市场上较富裕的农户服务而不愿意为穷人服务；同时，为了平衡覆盖深度带来的交易成本上升，这些机构制定的利率也居高不下

(Morduch, 1999)。因此,各类金融机构在开展普惠金融尤其是服务于低收入群体的扶贫金融业务时,必须不断创新服务理念和业务操作模式,在实现自身经营可持续的前提下追求社会目标的完成,唯有此才能顺应国际普惠金融的发展趋势,助推整个金融体系的创新和完善。

第六章　关于更好发挥金融对于精准扶贫支持作用的政策建议

  金融扶贫是金融资源配置功能在扶贫领域的重要体现，在我国当前开展精准扶贫、精准脱贫的实践中，通过金融将资源配置到社会的薄弱环节和弱势领域，发挥资金的支持和融通作用，从而助力我国脱贫攻坚目标的如期实现。通过回顾我国扶贫开发以及开展金融扶贫的历史进程，针对金融扶贫工作开展中存在的农村金融法律法规配套缺失、政策落实不力、各参与主体间的沟通协调机制不通畅、农村金融基础设施薄弱、农村金融扶贫对象金融素养较低等问题，结合世界上其他国家开展普惠金融以及金融扶贫的有效经验，本章将从协同和创新两大维度提出可行性的政策建议。一是协同，主要是政府与市场之间、不同市场主体之间、不同政策体系之间的协同。二是创新，既包括理念和思路的创新，也涵盖具体支持工具的创新。具体来说，就是要加强政府引导，健全法规配套、抓好政策落实；构建多层次的金融机构体系，发展新型金融机构、激发各类主体活力；借力普惠金融发展，健全农村金融基础设施、构建信用体系、推行金融知识普及；加快金融科技发展和普及；创新保险扶贫形式，丰富保险产品和服务，健全风险补偿机制和农业信贷担保机制，加强保险资金融资；完善农村金融服务体系及其协调机制等。

一、加强政府引导，健全法规配套，抓好政策落实，推动金融精准扶贫规范开展

金融资源的逐利性和效率性决定了金融资源不会自然引致反贫困领域，这是市场失灵的一种表现形式，因此要利用好金融资源来参与反贫困实践，必须发挥好政府的引导和协调作用，通过合理的机制创造必要的激励，以此调动起各类市场主体参与扶贫的自主性和积极性。无论是立法体系的规范还是顶层设计的规划，无论是多层次金融机构的建设还是金融基础设施的完善，无论是风险补偿机制、分担机制的构建还是金融科技的创新，无论是农村金融体系的构造还是普惠金融的发展，以上均离不开政府作用的发挥。

具体来看，政府在金融精准扶贫实践中的引导作用主要表现在：一方面要健全相关法律法规配套，构建良好的监管环境，为金融扶贫的规范开展提供必要前提；二是要进一步完善并落实好有关金融扶贫的各类支持政策，保证政策真正惠及贫困地区和贫困人口。

（一）健全相关法律法规配套，构建良好的监管环境

健全相关法律法规配套是实现金融扶贫规范、可持续发展的基本保障，这有助于加强对各类金融市场主体的监管力度，通过明确权利和义务，推动金融扶贫步入法制化的发展轨道。当前，我国农村金融立法依然十分薄弱，这已经成为制约普惠金融发展和农村金融创新的一个掣肘。加之农村金融本身所具有的高成本、高风险、低收益等特点，以利润为导向的商业金融机构对于开展农村金融服务的积极性往往不高。因此，应加速出台推动有关合作金融、农业保险、民间金融等规范发展的

法律法规，通过构建合理的农村金融法律制度来为金融扶贫营造良好的外部环境。

此外，还应完善金融科技发展的有关法律法规，构筑起金融科技健康发展的保障体系和安全网。在互联网金融发展初期，正是由于缺乏顶层的法规建设和规范的监管体系，才导致后期的野蛮生长，乃至问题频发。从长远来看，要实现金融科技的规范、科学、可持续发展，必须在坚固的法规框架内有序推进，实现真正意义上的发展自由。事实上，世界上普惠金融、金融科技发展良好的国家，都将法律层面的探索放在首位，并不断进行调整和适应。

（二）完善并落实有关金融扶贫的政策体系，发挥激励作用

世界银行扶贫协商小组认为小额信贷乃至整个普惠金融体系应遵循的一条重要原则，就是政府的职责应使金融服务更加有效，而不是自己去提供金融服务。而政府使金融服务有效的一个重要方面就是营造良好的政策环境。

目前，我党和政府已基本建立起包括财税政策、货币政策、信贷政策和监管政策等在内的金融扶贫支持政策体系。因此，政府发挥引导作用的重中之重就在于用好用足现有支持政策，保证政策真正惠及贫困地区和贫困人口。在税收政策方面，保证现行税收优惠切实减轻支农小金融企业、小微企业、低收入群体等各类市场主体的税收负担，提高其参与金融扶贫的积极性。在扶贫再贷款的使用方面，要切实发挥好其引导作用，实现信贷资源真正向贫困地区倾斜，尤其要鼓励地方法人金融机构扩大对贫困地区的信贷投放，降低"三农"和贫困地区的融资成本；通过台账管理的方式，进行过程监测、事后评估考核，监测扶贫再贷款的资金投向、数量，评估其资金使用效果，从而保证资金全部、高效地

用于发放贫困地区涉农贷款。在实行差别存款准备金政策方面，真正体现差异性，发挥其引导金融资源向贫困地区倾斜的正向激励作用，并根据市场需求，进一步降低农发行、涉农贷款投放较多的农业银行、邮储银行"三农金融事业部"、各类县域法人金融机构的法定存款准备金率，降低其涉农贷款的经营成本，激发其参与精准扶贫的主动性。在担保增信政策方面，由于贫困群体缺乏健全的信用记录和必要的抵押物资，政府可通过担保基金和政策性保险等提供增信服务，降低金融机构开展金融扶贫的风险预期，通过对金融机构的风险共担提升金融机构的服务能力等。

二、构建多层次的金融机构体系，推动传统金融机构与新型金融组织发挥合力

通过法规建设、政策设计等发挥政府在金融扶贫中的引导和协调作用，引导的是各类市场主体和资源参与脱贫攻坚，协调的是市场机制与政府扶持相互配合、共同发力，最终的愿景是建立起覆盖广泛、服务周到的农村金融市场，进而形成多层次的中国金融体系。在引导农村金融市场践行市场化和自由化改革的同时，应关注微观市场主体，即各类金融机构，尤其是农村金融机构的行为，探讨其在解决信息不对称和契约执行方面的能力差异、不同类型农村金融机构或组织在支持农村信贷过程中的行为动机差异和可行性，以及不同外部监管政策和激励约束机制对农村金融机构行为的影响。

中国地域辽阔，各地情况千差万别，尤其是贫困地区的自然条件相对恶劣、公共基础设施较为落后、产业发展基础薄弱，各种致贫因素交

互复杂，脱贫成本更高、难度更大，不仅单纯依靠财政资金无法实现脱贫目标，而且仅仅只有少数几家金融机构的力量支持贫困地区、小微企业以及贫困人口发展也是不够的，应调动起各类金融机构参与的积极性。除了传统的政策性、商业性金融机构，还要支持发展新型的微型金融机构、合作金融机构，并形成各类金融市场主体的沟通协调机制。

（一）传统金融机构调整发展战略，下沉经营重心，强化服务创新

多层次的金融机构建设有利于多层次市场的形成。长期以来，我国基本形成了包括政策性和开发性金融、商业性金融和合作金融在内的金融市场体系，并在金融扶贫的开展过程中从不同维度发挥了主体作用。尤其在金融支持脱贫攻坚的关键时期，各类传统金融机构在明确业务边界的基础上更需加强协调。

政策性、开发性金融机构要更加聚焦深度贫困地区，保证该类地区易地扶贫搬迁项目和基础设施建设的贷款需求，避免因资金问题贻误项目进度。国开行、农发行在人民银行的支持下，可通过发行易地扶贫搬迁专项债募集资金，为省级投融资主体提供中长期贷款，保证其资金来源的稳定性；还要做好与易地扶贫搬迁项目对接、管理工作，确保资金专款专用，发挥好金融支持易地扶贫搬迁中的应有作用。此外，国开行和农发行要发挥"扶贫金融事业部"的组织协调作用，完善内部组织架构，理顺经营管理机制，提高服务质量和效率。

商业性金融机构要在深度贫困地区有规划地分布网点，下沉服务重心。大中型商业银行要继续稳定和优化县域基层网点设置，逐步恢复在深度贫困地区的县域分支机构和网点。尤其是农业银行和邮储银行要保持其在县域甚至是农村的业务优势，继续深化其"三农金融事业部"

改革，探索更加有效的运行机制，强化县及县以下机构网点的功能建设，进一步延伸服务网络，并在信贷资源配置、内部绩效考核、产品授权等方面向深度贫困地区倾斜。

据银保监会的统计显示，截至 2019 年末，全国金融精准扶贫贷款余额 3.96 万亿元，较年初增加 3 403 亿元。全国性银行中余额最大的 3 家为农业发展银行、国家开发银行和中国农业银行，增量最多的 3 家银行为农业发展银行、国家开发银行和中国农业银行。这一统计数据显示了传统的政策性、开发性金融机构与大中型商业性金融机构在支持脱贫攻坚中的巨大能量。

（二）大力发展各类新型农村金融组织，强化主力军作用

2006 年，中国银监会发布了《关于调整放宽农村地区银行业金融机构准入政策　更好支持社会主义新农村建设的若干意见》，围绕农村地区银行业金融机构网点覆盖率低、金融供给不足、竞争不充分等金融抑制问题，遵循"先试点、后推开，先解决服务空白问题、后解决竞争不充分问题"的原则，适度调整和放宽银行业金融机构准入政策，降低准入门槛，强化监管约束，加大政策支持，促进农村地区形成主体多元、覆盖全面、治理灵活、服务高效的银行业金融服务体系。其适用范围主要为中西部、东北和海南省的县（市）及县（市）以下地区，以及其他省（区、市）的国定贫困县和省定贫困县。

2015 年年底公布的《推进普惠金融发展规划（2016—2020 年）》也明确要求，"积极探索新型农村合作金融发展的有效途径，稳妥开展农民合作社内部资金互助试点。支持农村小额信贷组织发展，持续向农村贫困人群提供融资服务"。由此可见，我国当前要大力发展的新型农村金融组织主要包括村镇银行、贷款公司、信用合作组织、农村资金互

助社等微型金融机构。

近几年来,我国村镇银行、小额贷款公司、公益性小额信贷机构等各类新型农村金融组织发展迅速,作为微型金融机构的代表,它们更加贴合扶贫金融市场的特点,在开展农村金融业务方面具有显著优势,突出表现在经营机制灵活、信息沟通便捷、管理扁平化、成本—收益率较高等方面。但与此同时,在发展过程中也凸显了一些问题,比如:如何吸引民间资本参与农村新型小微金融的发展,如何避免业务发展到一定规模后脱离农村金融市场,等等。

针对发展中的问题,必须以发展的思路和办法来加以调适。首先,在加强监管的前提下,应加快推进各种形式的小微金融机构的试点和推广,形成多元、竞争的农村金融服务体系,为农户、小微企业和贫困群体提供质优价廉的金融服务。其次,应允许不同类型的企业法人和自然人投资参与新型金融机构,激发民间资本活力,丰富资金来源渠道。最后,应加强各类新型小微金融机构的风险管理,完善相关的配套机制,如建立市场化退出机制,对于一些发展不良的农村金融机构,设计合理的退出程序;设置经营区域限制,防止做大做强后从农村转移到城市等。

从国际经验看,合作金融是农村普惠金融的主要实现形式,对于改善中低收入人群的金融服务可及性不可或缺。现代信用合作组织是农户联合及组织再联合的产物,实行专业化管理,通过互助降低成本、解决信息不对称,通过联合提高服务能力和抗风险能力。相较于商业金融,合作金融的所有者、管理者和受益者是同一主体,基本不存在金融供求双方不同主体之间的利益博弈,在弥补我国农村金融当前发展中的短板方面具有突出优势。今后,我国农村金融创新发展的重点仍是继续深化农村金融改革，坚持遵循规律、分类指导、有序推进等原则，积极培育专门服务于社区的新型金融组织，发挥合作金融等小型金融服务机构在农村发展普惠金融的主力军作用，构建起我国农村金融体系的完整结构。

三、借力普惠金融发展，拓宽金融服务覆盖面，提高金融服务可得性

普惠金融的实质就是将需要金融服务的所有人纳入金融服务范围，让所有人以适当的价格得到与其需求相匹配的金融服务。普惠金融理念的推行和实践为我国金融支持脱贫攻坚提供了基本的思路和前提。因此，做好金融扶贫工作的一个重要途径就是借力普惠金融的发展，为贫困地区和低收入群体提供有效率的金融服务。

（一）加强贫困地区支付基础设施建设，优化支付服务环境

金融基础设施指的是任何国家的金融系统为保持其完整性所依赖的一系列辅助性服务。金融机构不能在真空中运行，它们依赖于完善的金融基础设施以及其他服务提供者的网络。建立高效率的金融基础设施并完善相关服务是发展普惠金融的必要条件。

在金融体系中，一个能够满足客户需求的覆盖范围广泛的支付体系是必不可少的。安全、高效、可靠的支付体系能够降低物品或服务交换的成本；相反，薄弱的支付体系将对经济发展产生负面影响。因此，发展扶贫金融，在完善传统银行类金融机构的银行卡助农取款、支付服务的同时，应积极推广网络支付、手机支付等新型支付方式，构建起高效的农村支付清算系统。

2019年8月30日，中国互联网络信息中心（CNNIC）发布的第44次《中国互联网络发展状况统计报告》显示，我国互联网普及率达61.2%，移动互联网使用持续深化，网民使用手机上网的比例达99.1%。这表明我国发展网络支付、手机支付的基础条件已具备，未来发展潜力巨大。

（二）大力开展贫困地区信用体系建设，促进信用与信贷联动

信用是金融的内核和基石，也是金融的生命线。信用风险是传统金融三大风险中的基础风险。一般而论，在现行信用评级理论和方法中，信用的优劣通常与企业的资产规模、财务状况、资金流量和个人的收入水平、资产规模等有密切的关系。党的十八届三中全会明确提出要"建立健全社会征信体系"。国务院印发的《社会信用体系建设规划纲要（2014—2020年）》指出：加快社会信用体系建设，促进征信市场健康发展，是完善社会主义市场经济体制的基础性工程。

推动农村金融健康发展，发挥金融对脱贫攻坚的支持作用，必须加强信用管理体系的建设。一方面，应实现农户基础信用信息与建档立卡贫困户信息的对接，建立有针对性的信用评价指标体系，以此构建起信用信息基础数据库，完善农户的电子信用档案。另一方面，加强对信用信息的过程管理和事后追责，及时追踪贫困农户的经济收支情况、还款记录以及个人信用情况，据此调整信用额度，对于积极发展生产、还贷状况良好的用户，应通过提高信用额度、延长贷款期限等方式给予激励，对于有拖欠还贷、拒绝还贷等不良信用记录的农户，应加大惩罚力度，甚至实行一票否决。此外，还应深入开展"信用户""信用村""信用乡镇"的评选，构建良好信用环境。

（三）重视金融知识普及教育和金融消费者权益保护，提高金融消费者素养

国内外经验均表明，一个国家或地区公民的金融知识水平和信用文化状况等方面的金融素质，在很大程度上制约着金融业发展的深度和广度。没有一个具有基本金融知识和正确金融观念的公民群体，一国或地区金融体系的健康和安全就没有基础和保证。金融教育水平和普及程度将决定中国金融未来发展的速度和质量。在未来的金融改革发展规划中，要把对公民的金融基础知识普及教育和信用文化的培育作为一个重要方面，从金融业发展战略的高度认识金融知识普及教育和提升公民金融素质的重要意义，并将金融启蒙和教育纳入国家战略和法制化的轨道。

金融教育是向贫困阶层提供金融服务的重要前提，贫困群体金融素养的高低会直接影响金融服务的效果。金融素养是指人们拥有的经济金融知识和有效管理金融资源的能力，包括能有意识地运用这些知识和能力做出合理的金融决策，从而提高其一生的金融福祉。一般来讲，消费者金融素养包含知识、态度、行为和技能等维度，并通过财务规划、储蓄、银行卡管理等日常金融活动外化为具体的行为。贫困人口如果缺乏必要的金融基础知识，就没有主动接受金融服务的意识，无法使用金融工具来改变自己的经济状况，在使用过程中缺少科学管理风险的能力，这也加大了金融机构的风险管理成本。因此，发挥好金融服务于扶贫战略的一个重要途径就是发展国民金融教育，尤其是金融知识普及教育，全面提高国民的金融综合素养。2014年，人民银行、财政部等七部委联合下发的《关于全面做好扶贫开发金融服务工作的指导意见》提出，"要加大贫困地区金融知识宣传培训力度，并把金融教育作为普惠金融发展

的重要内容"。

国际社会也形成了发展国民金融教育的普遍共识，尤其是国际金融危机过后，许多国家认识到金融教育的重要性，并致力于开展国民金融知识普及教育和卓有成效的金融消费者保护，确保弱势群体有机会分享金融服务，促进金融市场的公平发展。比如，英国是较早设立专门的职能部门来推行和管理国民金融教育的国家之一，并将金融教育纳入国民教育体系。美国将金融教育纳入国家战略，由联邦政府有关部门牵头进行国民金融能力调查，在全国范围内开展金融教育，注重加强信用卡知识教育，帮助国民树立正确的消费观念、解读金融政策，科学认识并有效利用政策变化带来的福利。

为使金融更好地发挥对扶贫的支持作用，我国发展金融教育应突出以下着力点：

一是高度重视金融教育的重要性，并纳入国家发展战略。制定金融教育发展的中长期规划，明确目标，划定路线图。2008年，中国金融教育发展基金会启动了"金融惠民工程"（简称"金惠工程"），这是我国推进金融教育发展的一项国家战略，其初期目标是用10年左右的时间在我国592个国家扶贫重点县中选择100个县，对农民、县以下小型农村金融机构从业者、当地政府部门涉农干部进行金融知识普及教育和业务培训，逐步提高农村民众的金融素养，改善农村的金融生态系统，进而助推国家扶贫事业发展。目前，"金惠工程"依托当地政府的支持、人民银行分支机构和各金融机构的资助、志愿者的参与，开发出一套实用教材并向全国推广。今后，应继续遵循工程的目标规划，完成各项既定目标。

二是注重国民金融素养调查和评估，有针对性地开展金融知识普及工作。开展金融教育、提升国民金融素养的一项基础性工作就是开发一套合理的评估方法，对国民的整体金融素养有一个摸底性的了解，才能有针对性地弥补知识缺口。然而，金融素养是根植于消费者内在认知的综合性概念，这就加大了测量、评估的难度。中国人民银行金融消费权益保护局使用行为评估法，设计并发放调查问卷，从消费者相关知识、态度、行为和技能等方面考察消费者的金融素养。在剔除个人基本情况、金融教育、金融信息获取等无法反映金融素养的因素后，得到一份评估表（见表6-1）。这是我国有关国民金融素养评估的一套相对完整的指标体系，应在此基础上进一步深化和完善。

表6-1 金融素养评估表

模块	评估项目	模块	评估项目
金融产品认知与选择	比较金融产品和服务	反假货币	假币处理
	选择金融产品和服务		银行按规定收缴假币
	辨别投资渠道和产品服务		防伪特征
	认识风险和收益		冠字号码查询功能
	理解价格信息	贷款常识	贷款偿付能力
	阅读合同条款		利率调整对贷款的影响
	理解权利义务		贷款还款方式
	阅读并理解对账单		贷款本息计算
财务规划	对即时消费的态度	信用管理	信用维护认知
	应对意外支出		个人信用报告
	制定家庭开支计划		信用报告查询
	执行家庭开支计划		不良信用记录
	家庭债务		不良记录保存年限
	孩子上学存钱		信用报告错误处理

续表

模块	评估项目	模块	评估项目
储蓄与物价	单利计算	投资理财	投资风险承担
	复利计算		投资风险认识
	通货膨胀认知		分散投资理解
	高通胀的影响		投资收益与风险
	政府赔偿存款损失		收益率计算
	存款保险偿付限额		政府赔偿基金股票损失
银行卡管理	信用卡借记卡区别		政府赔偿理财产品损失
	信用卡取现利息	保险常识	保险购买额度
	吞卡处理		保险理赔
	全额罚息		退保认知
	密码防偷窥意识		保险投资功能
	取现额度与信用额度		

资料来源：中国人民银行门户网站。

调查显示：我国东部地区的消费者金融素养明显高于中部、西部和东北地区，城镇居民的金融素养要高于农村居民的，消费者收入与金融素养水平呈现显著的正相关关系。因此，要根据调查和评估的结果来制定相关政策，划定实施金融教育的重点区域和重点对象，开展有针对性的金融消费者教育活动。

三是推进金融知识纳入国民教育体系。调查显示，受教育程度与金融素养在95％的水平以上显著正相关。开展金融教育应抓住少年儿童接受知识的敏感期，让其在校期间循序渐进地学习金融知识，从小塑造良好的金融态度、培育正确的金融行为，实现一代人金融素养的有效提升。

四、加快推进金融科技的发展与普及

金融科技在我国迅速发展的一个重要原因是我国传统金融服务体系并不十分完善，突出表现在城市金融与农村金融发展的不均衡。依托科技创新而迅速成长的金融科技公司恰好弥补了传统金融体系的缺失。其充分利用技术、资本等优势，加速拓展包括支付、信用、投资、保险等在内的各类金融产品和服务，争取到了被传统金融体系所忽视的小微企业和低收入群体，获得了巨大的市场体量。传统金融机构为获得竞争的有利地位，不断应用新技术以应对市场竞争，逐步下沉服务重心，拓展服务边界，这也加剧了新兴主体获得客户与传统机构创新服务之间的竞争。

金融科技的发展使得金融体系中的各个链条不断被打通，各个环节都将被纳入金融科技优化领域。因此，金融科技在未来的发展中，应通过先进的技术手段，将金融主体和服务联系在一起，丰富产品种类、优化服务形态，有效支撑国家发展战略，扶持经济社会发展的薄弱环节，切实为实体经济发展服务，唯有此才能在激烈的市场竞争中立于不败之地。

金融是经营风险的行业，解决信息不对称带来的风险问题是金融业的核心竞争力。信息技术的发展使得金融有了服务长尾客户的可能性。近年来，金融科技的迅猛发展推动金融行业向纵深发展，在拓展普惠金融范围、提升金融服务质量、降低经营成本、有效控制风险方面发挥了重要作用。未来，我国普惠金融发展仍然要依靠金融科技的持续推动，大数据、互联网、云计算、人工智能、移动互联等技术的应用发展和交叉融合，势必会为普惠金融带来新的发展契机，尤其是金融科技将为银行、保险、期货等行业通过客户共享、优势互补、流程对接、风险对冲实现合作共赢提供协同的技术支撑。金融科技发展的基础要素就是数据和技术。

近几年来，我国农村地区金融科技应用的基础环境日益成熟，网络基础设施逐渐健全，覆盖范围不断拓展，各类应用不断深化，手机普及率不断提高，金融科技的广泛应用为农村金融带来了前所未有的发展机遇。与此同时，还应清醒地认识到，农村金融科技的应用和发展相较于城市，无论是服务广度还是服务深度上，还是有一定差距；因此，应进一步加强农村金融基础设施建设，积极布局农村金融科技的发展。

具体来说，金融科技要为有效解决农村客户区域分散、需求多样、服务成本高、市场风险大等难题提供科技化、信息化、网络化的解决方案。一方面，可以运用金融科技创新农村金融服务和产品，同时还能有效拓展服务的覆盖面，利用传统互联网、移动互联技术开展线上金融服务，包括融资、支付、理财等业务，均在提供便捷、高效服务的同时提升客户体验。另一方面，利用金融科技可以创新农村金融风险控制模式，利用人工智能、大数据技术发展智能服务，包括征信、抵押、风控等，切实提高农村金融风险控制能力。比如，各类电商、社交平台积累了大量用户数据，利用大数据技术即可分析用户行为，建立起用户信用档案；智能技术对各类用户进行画像，使得金融服务的应用场景更加多样化。

移动互联技术尤其是5G商用的逐步落地将为普惠金融的发展带来新的可能。将移动互联技术融入传统的基础金融服务，形成新型的移动金融，在信息获取、传输、共享等方面具有明显的效率优势和成本优势。移动互联技术的发展让移动支付成为可能，让金融服务可以减少对金融机构物理网点的依赖，使用户可以随时随地享受金融服务的便利，还为地广人稀或贫困地区居民开立账户、获得金融服务提供了可能性。普惠金融的未来就是数字普惠金融。国际经验也表明，数字化、移动化的金融产品将有效化解传统上受地理条件、社会发展基础等限制的服务难题，如在农村推广移动支付和助农取款终端，有助于解决农村地区物理网点不足的问题；探讨手机远程开户的可能性，简化开户手续，有助于提升服务效率等。此外，利用大数据、物联网、人工智能等技术助力智慧乡村建设，从而为农村金融市场的完善、基础性金融体系的构建提供良好的基础设施条件。

总之，发展金融科技的终极目标是要继续提升服务实体经济的能力，要加强对大数据资源的整合，不断优化金融服务模式；顺应消费者个性化需求，加强金融科技产品创新；完善风险监测预警体系，打造健康金融科技生态；助推普惠金融持续发展，提供高质量的金融服务；不断加大科技投入力度，全面升级金融服务行业；协调好与传统金融的关系，更加高效服务实体经济等。

五、创新保险产品和服务，扩大保险覆盖范围

自 2015 年 11 月中央扶贫开发工作会议以来，保险业持续推进脱贫攻坚工作。2016 年，保监会和国务院扶贫办联合发布了《关于做好保险业助推脱贫攻坚工作的意见》，明确到 2020 年，基本建立与国家脱贫攻坚战相适应的保险服务体制机制，形成商业性、政策性、合作性等各类机构协调配合、共同参与的保险服务格局，精准对接贫困地区和贫困

人口农业保险、健康保险、民生保险、产业脱贫保险、教育脱贫保险等方面的服务需求。

目前，农业保险已成为精准扶贫的重要保障，有效防止了贫困农户因灾返贫致贫；以小额信贷保证保险、农业保险保单质押为核心的保险扶贫增信体系，有效推动了信贷资源向贫困地区投放，推动产业脱贫政策落地；以保险资金支农融资和直接融资为核心的保险扶贫投资体系，引导保险资金流向贫困地区。与此同时，在保险支农支小、支持脱贫攻坚的业务发展中，也存在一些问题，如保险产品无法满足多元化的需求，尤其对于新型农村经营主体的保障水平有待提高；保险作为风险分散和补偿手段的作用不突出，有待进一步完善；保险资金的融通功能较弱等等。因此，为进一步提升保险助推脱贫攻坚的成效，需要在以下方面进一步完善。

（一）创新保险品种，提供普惠的基本风险保障

发展保险扶贫，首先要以满足贫困地区日益增长的多元化保险需求为出发点，创新精准扶贫保险产品和服务，不断扩大农业保险密度和深度，为贫困户提供普惠的基本风险保障。相较于银行业，保险业在该领域处于弱势地位，尤其是对于各类新型农业主体的支撑作用。

目前，我国各类新型农业主体蓬勃发展，农民合作组织、种粮大户、家庭农场成为推动农业发展的重要力量，如何发挥保险对于这些新型主体的基本保障作用，成为保险业发展的一个新领域。一方面要明确逐步提高农业保险保障水平的政策路线图，制定并落实好各项财政支持政策，使得广大贫困人口能够获得普惠的保险服务。另一方面要针对新型农业经营主体的特点，加强保险产品创新和经营模式创新。设计组合型农业保险产品，为各类新型农业经营主体发展生产提供基本保障；尝

试开展覆盖农业产业链的保险业务，协助新型农业经营主体获得信贷支持；因地制宜开展特色农产品保险；不断改进大病保险服务水平，缓解"因病致贫、因病返贫"现象；开发贫困户主要劳动力意外伤害、疾病和医疗等扶贫小额人身保险产品等。

（二）建立健全金融扶贫风险分散和农业信贷担保机制

在贫困地区建立完善的金融风险分散机制和农业信贷担保机制的意义在于为各类主体参与扶贫提供基本的保障，进行风险补偿，降低风险成本，从而调动金融机构参与支持扶贫开发的积极性，解决其后顾之忧。一方面要发挥存款保险制度的积极作用，保障合法权益的同时为贫困户融资提供增信支持，使贫困人口通过获取信贷资金，提高发展生产的能力。另一方面要健全农村信贷担保体系，根据财政部、农业部、银监会于2017年5月下发的《关于做好全农业信贷担保工作的通知》，做好全国农业信贷担保工作，持续加大对小微企业和"三农"融资担保业务的政策扶持力度。

（三）发挥保险资金融通功能，增强贫困地区的造血功能

继续加强以保险资金支农融资和直接投资为核心的保险扶贫投资体系建设，发挥保险资金融通功能，引导保险资金流向贫困地区，增强贫困地区的造血功能，推动贫困地区农业转型升级。例如，银保监会支持行业设立中国保险业产业扶贫投资基金，基金首个项目已落地，为国家级贫困县河北阜平县产业脱贫龙头项目香菇种植基地提供5 000万元的资金支持。对于一些成功的试点要总结经验并将经验复制推广，充分发挥保险助推脱贫攻坚的巨大潜力。

六、完善农村金融服务体系及其协调机制

在全面小康社会建设深入推进、脱贫攻坚进入最后冲刺的关键时期，创新金融服务，支持贫困地区产业发展、农民致富，是当前我国农村金融的重点任务。而在开展金融支持脱贫攻坚的进程中，遇到的阻力和障碍从深层次来看正是我国农村金融长期存在的供求结构失衡问题，即广大涉农小微企业、新型农村经营主体、低收入农民的资金及金融服务需求得不到满足。因此，从长远的角度看，要构建起多层次、广覆盖、可持续的农村金融体系，不仅能够助力脱贫攻坚任务的完成，还将为实现乡村振兴提供普惠和创新的金融服务，深度挖掘出农村发展的巨大潜力。

资本是经济社会发展的基本要素之一，农村经济社会的全面振兴同样离不开金融的支持。自20世纪50年代以来，改善农村金融服务一直是中国政府的重要政策目标。无论是改革开放前的农村信用社，还是新世纪的村镇银行，都是为实现这个政策目标所创立的金融机构。自2006年以来，政府积极推动普惠金融发展，在支持成立了一万多家小额信贷公司的同时，还提出了诸如"三个不低于""整治银行收费"等政策措施改善小微企业和涉农企业的融资环境。中共中央、国务院关于农村工作的"一号文件"历来强调增加供给、扩大需求和支持创新等多方面的农村金融改革措施在我国当前经济社会发展过程中的重要作用。随着农业农村现代化进程的推进，未来"三农"的金融需求将持续扩大，农村金融体系需进一步优化布局，深化改革，以适应农业发展、农民增收、农村振兴的现实需要。中共中央、国务院《关于实施

乡村振兴战略的意见》就加快农村金融创新、增强金融服务实体经济能力做出了一系列改革部署，为农村金融的发展指明了道路。

未来中国农村金融发展必须更具普惠性和创新性。普惠金融既是一种金融发展理念，也是一种金融服务格局，让所有有金融服务需求的社会各阶层和群体享受适当、有效的金融服务。金融创新涉及服务主体类型、治理结构、金融产品和服务形态、风险管理等各个方面，核心就是依托金融科技实现发展的各种可能性。此外，还应加强银行、保险、期货、租赁、担保等行业的互补合作，从而有效改善风险控制，实现农村金融的可持续发展。

七、本章小结

扶贫问题是一个综合性的社会问题，其复杂性表现在难以对贫困进行准确界定，致贫原因纷繁复杂，扶贫施策涉及经济、社会、文化、自然等方方面面因素。

对贫困做出一个严格的界定是困难的，首先是因为贫困是对一种生存状态的描述，这一描述没有固定的界限。提及贫困，人们首先会联想到缺衣少食、饥寒交迫，这是对绝对贫困现象的基本描述；然而在现实中，人们在解决基本温饱之后，教育、医疗、住房等需求得不到满足，往往也是贫困的表现。在具体的实践中，为了提高反贫困的针对性和有效性，人们通常会设定一个标准，即贫困线，将生活在贫困线以下的人群锁定为目标人群，进而开展具体的帮扶计划和措施。其次是因为贫困是一个动态的概念，随着时间和空间的变化而变化，其中包含着政治、经济、文化、历史、地理等诸多因素的影响。不同的制度和文化环境下，对人民福祉、社会福利、公平和效率的不同认识，往往使对贫困问题的重视程度有所差异；不同的生产力发展水平和经济社会状况下，人民的实际生活水平参差不齐，政府和社会对反贫困政策的实施和落实会有不同的承受能力。随着经济的发展、社会的进步和人类文明程度的提高，人们对贫困的认识不断扩展和深化，反贫困战略的实施更加全面和宽泛，基本需要的范围在扩大、标准在提高，即绝对贫困线在不断提高。

贫困问题的复杂性决定了对贫困问题的分析不能囿于狭隘的思维空间，对反贫困理论和实践的探索应该在一个综合性的分析框架下来进行，因为这是一个各方协调、共同发力的历史过程。缪尔达尔的制度分析和系统论方法为贫困问题研究的开展提供了一个综合性的范式，在此基础上进一步结合金融发展理论、人力资本理论、权利贫困和发展贫困学说等，实现对贫困有一个更加深入的认识和研究。但无论哪种反贫困理论，其关注的核心要点是"人"，任何政策的制定和落实都应以人为根本出发点和最终落脚点。中国作为最大的发展中国家，在反贫困领域取得了巨大成就，为世界反贫困进程的推进也做出了突出的贡献。因此，理解和研究中国的反贫困问题不能限于西方理论当中，而且西方理论也解释不了中国的问题，我国应该在总结自身实践历程的基础上，形成具有中国特色的社会主义贫困理论体系。

扶贫开发是我国在减贫领域的一项创举，成功推动了我国解决整体贫困的问题，秘诀就在于我国始终以发展的思路和办法来解决实践中的各种问题。在不同的历史文化、社会环境和经济形势下，贫困有着不同的外延边界，致贫原因也不断变化，扶贫实践也会面临不断出现的新任务和新挑战。因此，必须以发展的思路和创新的战略来应对扶贫实践中出现的各项新任务、新挑战，从而在人类的反贫困进程中取得更大的持续进步。我国改革开放以来的扶贫开发历程表明，只有以发展的思维和办法才能应对复杂多变的现实状况，包括经济发展、社会事业发展在内的发展为扶贫开发的顺利实施奠定了必要的基础；随着新形势、新挑战的出现，不断调整和发展的政府规划为扶贫开发的推进提供了必要的政策环境。因此，在脱贫攻坚的关键阶段，我国扶贫开发的各类主体仍需围绕发展开展各项实践；同时，应当采用超常规的办法和措施，为扶贫工作的开展做好长远的谋划。

在扶贫开发过程中，我国始终探索利用金融资源来实现对开发扶贫的支持作用，从最初的扶贫贴息贷款到小额信贷扶贫，从微型金融发展到现在综合性金融精准扶贫政策和实践的全面铺开。究竟何为金融扶贫？从宏观与微观、理论与实践等不同角度来对其加以审视，可以得出不同的含义。从理论上看，金融扶贫就是金融功能在反贫困领域的体现和发挥，即金融能够在该领域发挥其积极作用，这是理解金融扶贫的基本出发点和最终落脚点。"十三五"时期，为实现全面建成小康社会的宏伟目标，我国将脱贫攻坚放在了国家重要的战略层面。为确保如期打赢这场脱贫攻坚战，党和政府适时对扶贫政策做出调整和优化，加大扶贫投入，创新扶贫方式，因此，从政策层面来看，金融扶贫是实现脱贫攻坚目标的一项重要保障政策。

在金融市场日益激烈的竞争中，为薄弱环节和弱势群体提供金融服务已经成为金融机构业务的重要内容，金融机构能否主动拓宽业务领域，提供形式多样的产品和服务，关系到能否抢占竞争的先机。而且，在金融扶贫的过程中，金融机构通过与贫困人口之间的业务互动，可以建立起自身品牌的知名度和潜力优质客户的忠诚度。因此，金融扶贫是金融机构拓宽业务领域、创新金融产品和服务的重要着力点。

金融如何发挥对于精准扶贫的支持作用呢？具体来说，金融体系可以直接或间接作用于反贫困领域。直接作用机制在于通过金融扶贫政策体系、普惠的金融产品和服务、金融资源与人力资本发生合力等措施，惠及贫困地区或贫困人口，为地区发展或贫困人口从事生产性经营活动、人力资本发展提供可供选择和利用的金融资源，从而跳出贫困的恶性循环。直接作用机制最重要的意义在于为贫困群体提供接近金融资源的机会和权利。间接作用机制在于通过金融发展促进经济增长，稳定就业，完善基础设施建设，实现基本公共服务的均等化等，来带动贫困地区或困难群体脱贫致富，其最重要的意义在于为反贫困实践提供必要的物质基础和前提。要同时发挥好金融作用于反贫困的直接机制和间接机制，推动世界范围内的反贫困实践取得更大成就。

当前，我国金融扶贫工作的重点就是大力发展普惠金融，普惠金融的加速发展能够使金融扶贫工作的开展更加顺畅，而金融扶贫的顺利开展能够帮助贫困地区和贫困人口尽快脱贫，进而真正构建起惠及所有人群的普惠金融体系。普惠是一种理想的社会状态。要实现这样一种状态，各国需要通过各种不同的渠道将多元化的金融服务提供给不同的客户，而目前这些客户中的大多数被排斥在传统的金融服务体系之外。普惠金融天生带有扶贫救弱的性质，因此，我国当前开展金融扶贫的重点就在于构建普惠的金融体系，实现两者的共同发力。

随着精准扶贫、精准脱贫工作的持续深入开展，金融支持脱贫攻坚的支撑作用日益显现。当前，我国主要是通过有关支持政策、各类金融机构发挥主体作用，采取小额信贷扶贫、金融科技扶贫、保险扶贫、金融教育扶贫、资本市场扶贫等方式，开展金融扶贫工作，并取得了初步的成效。与此同时，也暴露出一些问题，主要有农村金融政策法律法规配套缺失、农村金融基础设施薄弱、农村金融扶贫对象金融素养较低等。围绕这些问题，应该从处理好政府与市场的关系、厘清两者的行为边界，加强财政与金融的协调配合、发挥两者的政策合力，实现金融机构追求商业利益与社会责任的平衡等方面出发，把握好开展金融扶贫的初衷和方向，从而发挥出金融支持打赢脱贫攻坚的巨大潜力。在具体的实践中，无论是各级地方政府，还是各类市场主体，都贡献着自己的智慧和力量，如平安普惠的农业信贷担保模式以及河南卢氏县的金融扶贫探索，都在解决一些具体金融扶贫难题，同时提供了一些可供借鉴和复制的有效经验。问题的发现和解决，经验的探索和推广，均有益于进一步推进金融扶贫实践的深入开展，有益于早日建立完善、健全、发达的农村金融体系。

纵观一些发展中国家开展金融扶贫和发展普惠金融的历程可以发现，其值得借鉴的经验做法主要有：一是政府的大力支持。一方面，政府通过立法规范和制度建设，为普惠金融、金融扶贫的规范发展提供法制保障，支持金融创新，鼓励开放和竞争；另一方面，政府采取适当的政策措施来协调共同发展，重点解决信息不对称等难题，大力推动金融扶贫工作的开展。二是注重金融创新，丰富金融产品和服务的内容和形式。在开展金融扶贫工作时，必须注意采用差异化、特色化战略，如格莱珉银行的"乞丐贷款"，围绕贷款客户的实际需求，制定了能够有效满足其需求的个性化金融产品。三是加强公民金融教育，提升国民金融素养，保护金融消费者权益。为对本国民众金融素养的整体情况有一个全面掌握，各国均设计了一套合理的评估体系，开展金融素养调查，根据结果有针对性地制定教育规划，为普惠金融服务的推广扫除需求方面的障碍。

总之，金融扶贫是金融体系作用于反贫困领域的一项系统性工作。我国贫困问题的复杂性、脱贫攻坚任务完成时间的紧迫性使得我国当前的扶贫任务相当艰巨，仅仅依靠政府力量或调动几家金融机构的力量无法弥补扶贫的巨大资金缺口。因此，我国当前开展金融扶贫必须发挥好政府的引导和协调作用，通过合理的机制调动起各类市场主体参与扶贫的自主性和积极性，综合运用好信贷、保险、金融科技、金融教育等各种方式，最大限度地发挥金融支持脱贫攻坚的潜力。具体来说，要通过立法规范和体制机制建设，提供金融扶贫合规、高效开展的法制保障；通过多层次的金融机构建设，分工明确、互补互动，促进市场有序、有效竞争；通过建立风险的补偿机制、分担机制等，构建风险防控系统，解除各类市场主体参与金融扶贫的后顾之忧；加强农村金融基础设施建设，借力普惠金融发展，铺设开展金融扶贫的前提和基础；鼓励和支持金融科技创新，搭上科技快速发展的便车，从而加速金融扶贫的推进；等等。这既是"好的金融"体系的生动实践，又是我国社会主义制度优越性的现实体现。

参考文献

普通图书

[1] 埃思里奇. 应用经济学研究方法论 [M]. 朱刚,译. 北京:经济科学出版社,2007.

[2] 巴曙松. 中国金融大未来 [M]. 北京:华文出版社,2010.

[3] 班纳吉,迪弗洛. 贫穷的本质 [M]. 景芳,译. 北京:中信出版社,2018.

[4] 白钦先. 各国中小企业政策性金融体系比较 [M]. 北京:中国金融出版社,2001.

[5] 博迪,默顿,克利顿. 金融学 [M]. 曹辉,曹音,译. 2版. 北京:中国人民大学出版社,2013.

[6] 伯恩斯. 结构主义的视角——经济与社会的变迁 [M]. 周长城,译. 北京:社会科学文献出版社,2000.

[7] 波金斯. 发展经济学 [M]. 黄卫平,译. 北京:中国人民大学出版社,2005.

[8] 陈银娥. 中国微型金融发展与反贫困问题研究 [M]. 北京:中国人民大学出版社,2016.

[9] 陈雨露,马勇. 中国农村金融论纲 [M]. 北京:中国金融出版社,2010.

［10］陈雨露，杨栋．世界是部金融史［M］．南昌：江西教育出版社，2016．

［11］杜晓山，刘文璞．小额信贷原理及运作［M］．上海：上海财经大学出版社，2001．

［12］杜晓山．中国小额信贷十年［M］．北京：社会科学文献出版社，2005．

［13］高鸿宾．扶贫开发规划研究［M］．北京：中国财政经济出版社，2001．

［14］格利，肖．金融理论中的货币［M］．贝多广，译．上海：格致出版社，1988．

［15］黄承伟．中国反贫困：理论、方法、战略［M］．北京：中国财政经济出版社，2002．

［16］黄承伟．中国农村反贫困的实践与思考［M］．北京：中国财政经济出版社，2004．

［17］黄达．金融学［M］．3版．北京：中国人民大学出版社，2012．

［18］焦瑾璞，陈瑾．建设中国普惠金融体系——提供全民享受现代金融服务的机会和途径［M］．北京：中国金融出版社，2009．

［19］焦瑾璞，王爱俭．普惠金融——基本原理与中国实践［M］．北京：中国金融出版社，2015．

［20］考夫曼．现代金融体系：货币、市场和金融机构［M］．陈平，译．北京：经济科学出版社，2001．

［21］李实，佐藤宏．经济转型的代价：中国城市失业、贫困与收入差距研究［M］．北京：中国财政经济出版社，2004．

［22］李杨，杨思群．中小企业融资与银行［M］．上海：上海财经大学出版社，2001．

［23］李杨．中国金融改革30年［M］．北京：社会科学文献出版社，2008．

［24］李杨，王国刚．中国金融改革开放30年研究［M］．北京：经济管理出版社，2008．

［25］林恩．发展经济学［M］．王乃辉，译．上海：格致出版社，2009．

［26］林毅夫，蔡昉，李周．中国的奇迹：发展战略与经济改革［M］．增订版．上海：格致出版社，2002．

［27］林毅夫．新结构经济学——反思经济发展与政策的理论框架［M］．增订版．北京：北京大学出版社，2014．

［28］林毅夫，孟加．战胜命运——跨越贫困陷阱　创造经济奇迹［M］．张彤晓，顾炎民，薛明，译．北京：北京大学出版社，2017．

［29］刘坚．中国农村减贫研究［M］．北京：中国财政经济出版社，2009．

［30］迈尔斯．公共经济学［M］．匡小平，译．北京：中国人民大学出版社，2001．

［31］麦金农．经济发展中的货币与资本［M］．卢骢，译．上海：上海三联书店，1988．

［32］曼昆．经济学原理［M］．梁小民，梁砾，译．北京：北京大学出版社，2012．

［33］米什金．货币金融学［M］．郑艳文，荆国勇，译．北京：中国人民大学出版社，2011．

［34］缪尔达尔. 世界贫困的挑战——世界反贫困大纲［M］. 顾朝阳, 张海红, 译. 北京: 北京经济学院出版社, 1991.

［35］缪尔达尔. 亚洲的戏剧: 南亚国家贫困问题研究［M］. 方福前, 译. 北京: 商务印书馆, 2015.

［36］尼夫. 金融体系: 原理和组织［M］. 曲昭光, 赖溟溟, 李伟平, 译. 北京: 中国人民大学出版社, 2005.

［37］普里威, 赫尔. 发展与减贫经济学——超越华盛顿共识的战略［M］. 刘攀, 译. 成都: 西南财经大学出版社, 2006.

［38］瑞沃林. 贫困的比较［M］. 赵俊超, 译. 北京: 北京大学出版社, 2005.

［39］森. 以自由看待发展［M］. 于真, 译. 北京: 中国人民大学出版社, 2002.

［40］森, 刘民权, 夏庆杰等. 从增长到发展［M］. 北京: 中国人民大学出版社, 2015.

［41］森. 贫困与饥荒: 论权利与剥夺［M］. 王宇, 王文玉, 译. 北京: 商务印书馆, 2017.

［42］舒尔茨. 论人力资本投资［M］. 吴珠华, 译. 北京: 北京经济学院出版社, 1990.

［43］速水佑次郎, 神门善久. 发展经济学——从贫困到富裕［M］. 李周, 译. 北京: 社会科学文献出版社, 2009.

［44］孙伯良. 金融创新与经济发展［M］. 上海: 上海三联书店, 2005.

［45］托罗达. 经济发展与第三世界［M］. 印金强, 赵荣美, 译. 北京: 中国经济出版社, 1992.

［46］王国良．中国扶贫政策——趋势与挑战［M］．北京：社会科学文献出版社，2005.

［47］王国良．微型金融与农村扶贫开发［M］．北京：中国财政经济出版社，2009.

［48］吴大华．反贫困：社会可持续与环境可持续［M］．北京：社会科学文献出版社，2015.

［49］吴国宝．小额信贷扶贫研究［M］．北京：中国经济出版社，2001.

［50］席勒．金融与好的社会［M］．束宇，译．北京：中信出版社，2012.

［51］肖．经济发展中的金融深化［M］．邵伏军，许晓明，宋先平，译．上海：格致出版社，2015.

［52］谢平，邹传伟．中国金融改革思路［M］．北京：中国金融出版社，2013.

［53］徐远，陈靖．数字金融的底层逻辑［M］．北京：中国人民大学出版社，2019.

［54］杨涤．金融资源配置论［M］．北京：中国金融出版社，2011.

［55］叶普万．贫困经济学研究［M］．北京：中国社会科学出版社，2004.

［56］伊斯特利．经济增长的迷雾——经济学家的发展政策为何失败［M］．姜世明，译．北京：中信出版社，2016.

［57］尤努斯，韦伯．企业的未来——构建社会企业的创想［M］．杨励轩，译．北京：中信出版社，2011.

［58］尤努斯．穷人的银行家［M］．吴士宏，译．北京：生活·读书·新知三联书店，2013.

［59］张建华．贫困测度与政策评估：基于中国转型时期城镇贫困问题的研究［M］．北京：人民出版社，2010.

［60］张磊．中国扶贫开发政策演变（1949—2005）［M］．北京：中国财政经济出版社，2007.

［61］张晓山，何安耐．农村金融转型与创新——关于合作基金会的思考［M］．北京：社会科学文献出版社，2007.

［62］BENJAMIN S. Poverty：a study of town life［M］．London：Macmillan，1901.

［63］SEN. Poverty and famine：an essay on entitlement and deprivation［M］．Oxford：Clarendon Press，Oxford University Press，1981.

［64］WRIGHT，GRAHAM A. N，2000. Microfinance systems：designing quality financial services for the poor［M］．London：Zed Books Ltd.

［65］国家统计局农调队．中国农村贫困监测报告［M］．北京：中国统计出版社，2016.

［66］国家统计局住户调查办公室．中国农村贫困监测报告（2018）［M］．北京：中国统计出版社，2018.

［67］李培林，魏后凯．中国扶贫开发报告（2016）［M］．北京：社会科学文献出版社，2016.

［68］刘坚．新阶段扶贫开发的成就与挑战——《中国农村扶贫开发纲要（2001—2010年）》中期评估报告［M］．北京：中国财政经济出版社，2006.

［69］民政部．中国民政统计年鉴［M］．北京：中国统计出版

社，2016.

[70] 世界银行. 中国战胜农村贫困：世界银行国别报告 [M]. 北京：中国财政经济出版社，2001.

[71] 唐钧，沙琳，任振兴. 中国城市贫困与反贫困报告 [M]. 北京：华夏出版社，2003.

[72] 张承惠，潘光伟. 中国农村金融发展报告（2017—2018）[M]. 北京：中国发展出版社，2019.

[73] 中国发展研究基金会. 在发展中消除贫困：中国发展报告2007 [M]. 北京：中国发展出版社，2007.

报告

[1] 中国人民银行2018年年报 [R]. 2019-08-06. http://www.pbc.gov.cn/chubanwu/114566/115296/3869784/3870296/index.html.

[2] HERANI, GOBIND M. Microfinance and self-help finance system to reduce poverty from Pakistan: an it-based solution [R]. National Conference on Community Development, 2010.

专著中析出的文献

[1] 孙同全，刘建进. 中国金融扶贫的历程与展望 [M] // 中国社会科学院，国务院扶贫办. 中国扶贫开发报告（2016）. 北京：社会科学文献出版社，2016.

[2] 王超，刘俊霞. 中国扶贫改革四十年的伟大历史进程——基于1979—2018年中国反贫困政策的量化分析 [G] // 国务院扶贫办. 人类减贫史上的中国奇迹——中国扶贫改革40周年论文集. 北京：中国出版集团研究出版社，2018.

期刊中析出的文献

［1］蔡昉，杨涛．城市收入差距的政治经济学［J］．中国社会科学，2000（4）．

［2］蔡宗鹏．关于地方政府融资平台公司的思考［J］．西南金融，2012（11）．

［3］陈斌开，林毅夫．金融抑制、产业结构与收入分配［J］．世界经济，2012（1）．

［4］陈佳．微型金融的历史、现状与未来——一个国际视角［J］．农村金融研究，2012（12）．

［5］陈绍华，王燕．中国经济的增长与贫困的减少——1990—1999年的趋势研究［J］．财经研究，2001（9）．

［6］陈银娥，师文明．微型金融对贫困减少的影响研究述评［J］．经济学动态，2011（4）．

［7］崔艳娟，孙刚．金融发展是贫困减缓的原因吗？——来自中国的证据［J］．金融研究，2012（11）．

［8］斜利珍，梅继承，袁云峰，等．"丽水模式"：农村金融普惠扶贫的实践与探索［J］．浙江金融，2015（3）．

［9］杜晓山．孟加拉国的乡村银行及对我国的启示［J］．中国农村经济，1994（2）．

［10］杜晓山．解决贫困农户贷款短缺和还贷率低的尝试——GB模式在中国的初步实践［J］．中国农村经济，1996（2）．

［11］杜晓山，孙若梅．农村小额信贷：国际经验与国内扶贫社试点［J］．财贸经济，1997（9）．

［12］杜晓山．中国小额信贷的实践和政策思考［J］．财贸经济，

2000（7）．

［13］杜晓山．以普惠金融体系理念，促进农村金融改革发展——对中西部农村地区金融改革的思考［J］．农业发展与金融，2007（1）．

［14］杜晓山．建立可持续性发展的农村普惠性金融体系［J］．金融与经济，2007（2）．

［15］杜晓山．小额信贷与普惠金融体系［J］．中国金融，2010（10）．

［16］杜晓山，宁爱照．对商业银行参与金融扶贫的思考［J］．农村金融研究，2013（5）．

［17］杜晓山，宁爱照．社会企业——中国公益性小额信贷机构的一个发展方向［J］．金融与经济，2013（5）．

［18］杜晓山，宁爱照．新时期的中国金融扶贫［J］．中国金融，2013（16）．

［19］杜晓山．普惠金融理论与实践的困惑和探究——逐利性 VS 弘义性［N］．金融时报，2015-08-24（9）．

［20］杜晓山，张睿，王丹．执着地服务穷人——格莱珉银行的普惠金融实践及对我国的启示［J］．南方金融，2017（3）．

［21］杜晓山，宁爱照．中国金融扶贫实践、成效及经验分析［J］．海外投资与出口信贷，2017（5）．

［22］杜晓山．补上合作金融短板　加强中小银行支农支小服务［N］．金融时报，2019-4-22（2）．

［23］何德旭，饶明．金融排斥性与我国农村金融市场供求失衡［J］．经济学研究，2007（9）．

[24] 何德旭，苗文龙. 金融排斥、金融包容与中国普惠金融制度的构建 [J]. 财贸经济，2015（3）.

[25] 洪晓成. 普惠金融理论与我国农村金融扶贫问题调适 [J]. 山东社会科学，2016（12）.

[26] 胡鞍钢，胡琳琳，常志霄. 中国经济增长与减少贫困（1978—2004）[J]. 清华大学学报（社会科学版），2006（5）.

[27] 胡恒松，徐丹，孙久文. 金融创新助推扶贫与区域经济发展 [J]. 宏观经济管理，2018（1）.

[28] 江春，赵秋蓉. 关于构建我国普惠金融体系的理论思考——国外金融发展如何更好地减缓贫困理论的启示 [J]. 福建论坛（人文社会科学版），2015（3）.

[29] 焦瑾璞. 创造微型金融规范持续发展的良好环境 [J]. 中国金融，2010（3）.

[30] 焦瑾璞. 构建普惠金融体系的重要性 [J]. 中国金融，2010（10）.

[31] 焦瑾璞. 普惠金融的国际经验 [J]. 全球瞭望，2014（10）.

[32] 焦瑾璞，黄亭亭. 中国普惠金融发展进程及实证研究 [J]. 上海金融，2015（4）.

[33] 李静，杨国涛. 贫困线：理论、应用及争议 [J]. 农村经济，2006（7）.

[34] 李实，Knight. 中国城市中的三种贫困类型 [J]. 经济研究，2002（10）.

[35] 李涛，王志芳. 中国城市居民的金融受排斥状况研究 [J].

经济研究，2010（7）.

［36］李涛，徐翔，孙硕. 普惠金融与经济增长［J］. 金融研究，2016（4）.

［37］李文，汪三贵. 中央扶贫资金的分配及影响因素分析［J］. 中国农村经济，2004（8）.

［38］李文红，将则沈. 金融科技（Fintech）发展与监管：一个监管者的视角［R］. 金融监管研究，2017（3）.

［39］林伯强. 中国经济增长、贫困减少与政策选择［J］. 经济研究，2003（12）.

［40］林卡，范晓光. 贫困和反贫困——对中国贫困类型变迁及反贫困政策的研究［J］. 社会科学战线，2006（1）.

［41］林毅夫. 金融体系、信用和中小企业融资［J］. 浙江社会科学，2001（6）.

［42］刘纯彬. 我国贫困人口标准再探讨［J］. 人口研究，2006（6）.

［43］陆磊. 金融扶贫的发展理念、政策措施及展望［J］. 武汉金融，2016（7）.

［44］罗煜，贝多广. 金融扶贫的三个误区［J］. 武汉金融，2016（22）.

［45］孟飞. 金融排斥及其治理路径［J］. 上海经济研究，2011（6）.

［46］蒙晓丽，陆玲玉. 普惠金融背景下农村金融扶贫工作的研究［J］. 区域金融研究，2015（7）.

［47］潘功胜. 政府和银行：寻找合理的行为边界［J］. 中国金融

家，2014（4）．

［48］潘功胜．关于构建普惠金融体系的几点思考［J］．上海金融，2015（4）．

［49］潘功胜．加快农村金融发展推进金融扶贫探索实践［J］．行政管理改革，2016（6）．

［50］曲家文．金融科技时代数字普惠金融实践［J］．中国金融家，2019（1）．

［51］单德鹏，王英．金融可得性、经济机会与贫困减缓——基于四川集中连片特困地区扶贫统计监测县级门限面板模型的实证分析［J］．财贸研究，2017（4）．

［52］邵汉华、王凯月．普惠金融的减贫效应及作用机制——基于跨国面板数据的实证分析［J］．金融经济学研究，2017（6）．

［53］苏畅，苏细福．金融精准扶贫难点及对策研究［J］．西南金融，2016（4）．

［54］苏基溶，廖进中．中国金融发展与收入分配、贫困关系的经验分析——基于动态面板数据的研究［J］．财经科学，2009（12）．

［55］孙天琦．国际普惠金融指标体系调查：进展、比较与启示［J］．金融监管研究，2016（4）．

［56］汪三贵，李文，李芸．我国扶贫资金定向及效果分析［J］．农业技术经济，2004（5）．

［57］汪三贵．在发展中战胜贫困——对中国30年大规模减贫经验的总结与评价［J］．管理世界，2008（11）．

［58］汪三贵，郭子豪．论中国的精准扶贫［J］．甘肃社会科学，2015（5）．

[59] 吴国宝. 小额信贷对中国扶贫与发展的贡献 [J]. 金融与经济, 2003 (11).

[60] 吴理财. "贫困"的经济学分析及其分析的贫困 [J]. 经济评论, 2006 (6).

[61] 吴晓求. 中国金融的深度变革与互联网金融 [J]. 财贸经济, 2014 (1).

[62] 吴晓灵. 普惠金融是中国构建和谐社会的助推器 [J]. 金融时报, 2010-6-21.

[63] 吴义能, 叶永刚, 吴凤. 我国金融扶贫的困境与对策 [J]. 统计与决策, 2016 (9).

[64] 王国刚. 从金融功能看融资、普惠和服务"三农" [J]. 中国农村经济, 2018 (3).

[65] 王君. 普惠金融与金融精准扶贫的关系研究 [J]. 武汉金融, 2017 (3).

[66] 王曙光, 胡维金. 社会发展基金与金融反贫困 [J]. 农村经济, 2012 (2).

[67] 王晓琦, 顾昕. 中国贫困线水平研究 [J]. 学习与实践, 2015 (5).

[68] 夏慧. 普惠金融体系与和谐金融建设的思考 [J]. 浙江金融, 2009 (3).

[69] 鲜祖德, 王萍萍, 吴伟. 中国农村贫困标准与贫困监测 [J]. 统计研究, 2016 (9).

[70] 谢平, 邹传伟. 互联网金融模式研究 [J]. 金融研究, 2012 (12).

[71] 星焱. 普惠金融: 一个基本理论框架 [J]. 国际金融研究, 2016 (9).

[72] 徐荟竹, 车士义, 罗惟丹, 等. 公共财政、农村金融改革和可持续金融扶贫研究——基于连片特困区 375 个贫困县的调研分析 [J]. 金融发展评论, 2012 (1).

[73] 徐诺金. 论我国的金融生态问题 [J]. 金融研究, 2005 (2).

[74] 鄢红兵. 创新"金融+"实施精准扶贫——当前我国金融扶贫的难点及对策 [J]. 武汉金融, 2015 (9).

[75] 闫坤, 于树一. 中国模式反贫困的理论框架与核心要素 [J]. 华中师范大学学报 (人文社会科学版), 2013 (11).

[76] 杨俊, 王燕, 张宗益. 中国金融发展与贫困减少的经验分享 [J]. 世界经济, 2008 (8).

[77] 杨小玲. 中国农村金融发展与贫困减少的实证研究 [J]. 金融教学与研究, 2009 (6).

[78] 杨云龙, 王浩, 何文虎. "四元结构"下我国金融精准扶贫的模式研究 [J]. 西部金融, 2016 (9).

[79] 曾康霖. 再论扶贫性金融 [J]. 金融研究, 2007 (3).

[80] 张大伟. 金融精准扶贫的难点与破解之道 [J]. 清华金融评论, 2016 (11).

[81] 张润林. 微型金融研究文献综述 [J]. 经济学动态, 2009 (4).

[82] 张笑钉, 于晓成. 金融科技助力商业银行服务实体经济的探索与实践 [J]. 农村金融研究, 2019 (2).

[83] 郑寿明. 再贷款在金融扶贫中的效应分析与创新应用——以

福建省宁德市为例［J］. 福建金融, 2017（2）.

［84］周孟亮. 普惠金融与精准扶贫协调的路径创新研究［J］. 南京农业大学学报（社会科学版）, 2018, 18（2）.

［85］SADEGH. Microfinance and poverty reduction: some international evidence［J］. International Business & Economics Research Journal, 2006, 5（12）.

［86］BURGESS R, PANDE R. Do rural banks matter? evidence from the Indian social banking experiment［J］. The American Economic Review, 2005, 95（3）.

［87］CONROY. APEC and financial exclusion: missed opportunities for collective action?［J］. Asia Pacific Development Journal, 2005（1）.

［88］DEAGHION, MORDUCH. The economics of microfinance［J］. Journal of Economics, 2006, 87（1）.

［89］ESMAIL, ZAHRA. Neoliberal development: the impact of microfinance on poverty alleviation［J］. 2008, 1（1）.

［90］UDDIN, SHAHBAZ, AROURI. Financial development and poverty reduction nexus: a cointegration and causality analysis in Bangladesh［J］. Economic Modeling, 2014（36）.

［91］SARMA, PAIS. Financial inclusion and development: a cross country analysis［J］. Journal of International Development, 2011（5）.

附录1：G20 数字普惠金融高级原则

原则一：倡导利用数字技术推动普惠金融发展

1. 根据具体国情，确保相关国家战略和行动计划能够反映实现数字普惠金融政策目标的新型数字商业模式，能够推广使用这些战略和行动计划，能够以证据为基础，目标具体、结果可测和责任明确。

2. 有效加强政策制定者、中央银行、金融监管者、相关监管机构、金融纠纷处理专员和其他负有数字金融服务方面职责的机构（如通信、竞争和消费者保护等管理机构）的合作。

3. 积极促进所有重要利益相关者（包括政府、私人部门和民间团体）之间有关数字普惠金融方面的对话和合作，确保他们对数字普惠金融目标和市场行为预期的理解一致。

4. 在可行条件下，政府机构向消费者和小型企业做出的大额经常性支付应数字化，进一步促进和激励以非现金数字方式（如以更低的手续费为激励）与政府进行款项收付。

5. 鼓励和加强私人部门营利或非营利组织大额经常性支出的非现金化和数字化（比如，与薪金、转移支付和人道主义援助，以及汇款等方面有关的大额经常性支出）。

6. 倡导金融行业：①接受以客户为中心的产品设计理念，该理念关注客户的需求、偏好、行为并且促进无法获得和缺乏金融服务的群体获取和使用数字金融服务；②为无法获得金融服务的群体提供低成本的基础性交易账户，此账户能够用于数字支付并提供安全存储。这种倡导应当包括为缺乏金融服务的群体（如年轻人）提供针对此类账户所具有的法律灵活性和可适用性方面的清晰指引。

7. 消除数字金融服务发展与数字金融服务获取的障碍，包括：让无法获得金融服务的群体（尤其是贫困人口、女性和年轻人）易于获得和使用移动电话和网络装置；改革阻碍广泛获取新技术的税收制度和进口限制。

8. 为促进数字普惠金融，与其他国家监管机构合作消除跨境金融服务障碍，促进跨境金融服务顺利提供。

促进政府部门和业界的有效对话和合作是本条原则讨论过程中的重点之一。对数字技术在促进普惠金融发展方面的作用，得到了各相关方面的认同与支持，但是有的国家代表也指出，不宜过于强调"数字"普惠金融，导致喧宾夺主，"遮"住了"普惠金融"这个更大的主题、更大的核心。

原则二：平衡好数字普惠金融发展中的创新与风险

1. 通过以市场为导向的激励和公私部门的合作，鼓励数字创新，特别是以此惠及无法获得正规金融服务和缺乏金融服务的群体。

2. 鼓励金融行业为数字金融服务研发安全简单的使用界面，使其更易于使用，降低错误交易和冒用的风险，特别是要考虑到弱势群体的需求。

3. 与行业和风险管理专家合作，研究、识别和评估在使用新数字技术过程中出现的风险，并且确保有效地监测和管理这些风险。

4. 在监管者和服务提供商之间建立常规的信息分享机制以及畅通

的交流渠道。

5. 鼓励监管者与行业制定风险管理战略，该战略需反映不同的司法辖区的特定条件和法律框架，如符合当地情况的"了解你的客户"规则，通过该手段可有效管理和减轻已经识别的风险，而不是规避此类消费者与账户。监管指引也应强调普惠金融作为反洗钱和反恐融资监管中有利因素的重要性，并包含对相关监管规则灵活性的明确建议，包括以运用风险导向监管方法为目的的建议。

6. 鼓励服务提供商更好地使用数字数据中的多种资源，在适当的安全保障下评估消费者和中小企业信用状况，同时促进完善此类数据并且公平、非歧视地使用此类数据。这些可供选择的数据资源包括移动电话的使用、公用事业缴费、企业注册数据信息和其他能够对传统贷款偿还数据或者保险相关数据进行补充的数据。

7. 与金融行业合作，探索发行数字法定货币对普惠金融的益处。

8. 探索识别新兴技术风险的新方法，如针对潜在网络犯罪的压力测试。

本条原则讨论过程中，去风险（de-risking）或者代理行（correspondent banking）是一个焦点问题，也是部长会层面关注的主要问题之一。这个问题的背景是近几年以美国为代表的很多国家对反洗钱、反恐融资（AML/CFT）监管要求极端严格，违者重罚。金融机构合规成本大幅提高，了解客户在一些国家比如非洲国家目前很难符合要求，很多国际大银行就一刀切，停止了和非洲很多银行的代理行关系，停止了与非洲汇款公司的业务合作关系，以达到"去风险"的目的，导致很多非洲普通百姓享受不到金融服务（因为非洲很多国家普通百姓生产生活对侨汇依赖很大），发生金融排斥。相关国家对此非常有意见。金融稳健理事会等机构都在关注这个问题，倡导风险为本的方法，通过使用全球法人实体识别体系等，以及使用数字技术、区块链技术等新技术，更好地识别客户，而不能一刀切地停掉一个地区所有人的业务。

原则三：构建恰当的数字普惠金融法律和监管框架

1. 构建一个数字普惠金融法律框架，规定市场参与门槛（包括准入要求），合适的审慎性条件（如资本和流动性），市场行为和诚信，消费者保护、反洗钱/反恐融资保障机制和破产机制等。该框架应该是技术中性的并且足够灵活，能够覆盖新的和现有的服务提供商和产品创新（例如，对受监管的数字金融提供商及其服务进行宽泛定义，随着时间推移，可以对这一定义进行修改）。

2. 此框架应该允许尝试创新性的服务提供渠道、产品、服务和商业模式，在试验性项目开展早期不需完全遵守所有的监管要求，但必须确保公平、均衡的监督机制和与国际标准接轨的反洗钱/反恐融资的义务要求，并确保没有参与者在试点中获得不当的优势。此框架还应平衡好数字普惠金融风险和监管合规成本。

3. 确保不论何种机构使用何种技术，同样类型的数字金融服务供应商应拥有同等的权利和义务；对于市场参与门槛（包括新准入机构和外国准入机构）和特定类型数字金融服务的提供都有明确一致的标准；并且确保对同类风险采用相同的监管方法；完善以风险为导向的适当的监管方法，以此促进竞争并促成公平、开放、平衡的竞争环境，实现普惠金融。

4. 评估国际国内法律中有关数字普惠金融的所有内容，辨别和处理重叠或矛盾的部分以及准入过程中的差距、阻碍或其他障碍。这些部分可能包括：金融服务；支付系统；通信；竞争；歧视；身份；无法获得正规金融服务的群体获取数字金融服务的障碍；代理商和雇员的义务等。

5. 确保在有关数字金融服务和总体的数字普惠金融的法律和监管框架中，对监管者的职责有清晰描述。

6. 提升数字普惠金融法律和监管框架中的监管者能力，使其能更好地理解数字技术（如通过国内或国际培训和同业学习项目），并且鼓励根据需要利用数字技术改进他们的监管流程和能力。

7. 制定简单易懂的数字普惠金融法律、法规和指引，同时使金融行业和消费者易于获得这些法律法规（如通过可公开访问的网站和其他可获得的交流渠道）。

8. 在 G20 成员之间建立可持续的关于数字普惠金融法律和监管框架、监管方法的定期交流和信息交换机制，包括与风险管理策略和经验相关的内容。

数字环境下金融监管能力是否跟得上和监管资源的充足性是讨论过程中的一个重点，包括对数字金融的监管和运用数字技术改进现有监管体系两个方面。

原则四：扩展数字金融服务基础设施生态系统

1. 在有需要的地方，各政府机构通力合作，保障支持数字普惠金融的基础设施，包括电信和电力设施。

2. 通过政策机制，如创新性公私伙伴关系、共享基础设施项目的激励机制和有针对性的采购政策，使宽带网络/数据覆盖延伸到金融服务匮乏的地区。

3. 推动零售支付系统基础设施的现代化，并扩展该基础设施，建立开放的支付平台。该平台与国家支付清算系统相连接，并向银行、非银行金融机构和新兴支付服务提供商开放，通过采取适当的风险管理和保障措施，使上述主体能够安全、高效地进行访问。

4. 鼓励服务提供商推动服务网点及渠道的互通性，并进一步扩大消费者服务网点的覆盖范围、提高使用交易账户的整体便利性。

5. 利用广泛的政府渠道（如在合适情况下可通过邮局）协助提供数字金融服务。

6. 在充分考虑适当的风险缓释措施和安全保障的前提下，与行业合作探索分布式账本技术在提高批发和零售金融基础设施的透明度、有效性、安全性和可得性方面的潜力。

7. 在考虑多种抵押物类型的基础上推动完善动产抵押登记系统，更好地反映用户的日常生活，更好地拓宽稳健的中小企业融资部门的基础。

8. 根据国际信用记录报告委员会（ICCR）提出的最佳方案，推动建立和负责任地使用灵活的、动态的信用记录报告机制模型，模型应包括相关的、准确的、及时的和丰富的数据，采用系统性的方法从所有可靠、正当、可获得的资源中搜集数据，并且长时间地保存这些数据。针对信用记录报告的整个法律和监管框架应该是清楚的、可预测的、非歧视性的、适当的，并支持消费者数据保护和隐私规则。

9. 支持消费者数据保护和隐私规则，鼓励在信用记录报告机制中使用创新性数据来源，如公用事业缴费、手机话费充值，以及电子钱包或者电子货币账户和电子商务交易数据等。此项原则可以由原则七中提及的客户身份识别系统协助实施。

"高级原则"草稿中，建议信用记录报告使用创新性的数据来源，比如社交媒体信息，但是最后一轮征求意见的时候被删除，因为部分代表担忧个人隐私的保护目前还跟不上。

原则五：采取负责任的数字金融措施保护消费者

1. 设计数字金融服务消费者保护框架。该框架可以解决数字环境的特定风险，并可以反映统计和行为证据以及直接的消费者信息（如来自免费消费者热线、网上论坛和投诉的数据）。

2. 构建稳定的法律框架，以保障不受审慎监管的服务提供商所持有的客户资金的安全（如通过信托账户、引入存款保险机制和追加保险要求）。同时，结合针对弱势群体的项目，进一步严格执行反数字金融服务欺诈行为的有关规则并建立合理的追索机制。

3. 确保投诉解决机制便于消费者使用。该机制应易于理解、高效、免费且能远程访问和操作（如通过呼叫中心、网站或互联网社交平台），并由服务提供商和专门处理纠纷的第三方（如金融纠纷处理专员）负责提供。

4. 针对数字金融服务，对服务提供商提出适当的要求。例如：①披露条款、费用和佣金等信息，且表述明晰、简洁，内容具有可比性；②定期提交反映交易和费用明细的账户报表；③开通免费客服热线；④明确未经授权交易、错误交易和系统中断的处理流程和责任；⑤规范贷款和债务催收行为；⑥引导消费者正确使用数字金融服务，有效防止个人数据被滥用、泄露、篡改和损毁；⑦提供用于消费者咨询的官方联系方式（如电话号码和网站）。所有消费者信息都能以数字方式提供（包括通过移动电话）并被保存。

5. 要求数字金融服务提供商对其代理商及雇员进行培训，培训内容应涉及产品特征、监管职责、公平对待缺乏金融服务的群体和弱势群体、追索流程及应客户要求或在语言障碍情形下对信息披露文件进行解释。

6. 鼓励服务提供商定期提交有关数字金融服务投诉数据的报告，数据应按主要目标群体划分。

7. 鼓励数字金融服务提供商采用高于通行法律要求的自律标准（如通过可执行的行业行为准则）。

8. 明确"个人数据"的定义，该定义需对综合各类信息以进行个体识别的能力加以考虑。

9. 确保数字金融服务消费者能够对个人数据进行有意识的选择和控制，包括通过基于相应语言文本的，明晰、简洁、全面、与年龄相符且简短的隐私政策披露的知情同意权，和透明、可负担和便利的访问权和更正权。这些权利可通过远程和互联网访问实施，如移动电话、网站或 24 小时呼叫中心。

10. 禁止以不公平歧视性方式使用数字金融服务相关数据，例如：禁止在通过数字服务提供信贷或保险时歧视女性。

11. 制定指引以保障数据的准确性和安全性，其中，数据涉及：账户和交易、销售中的数字金融服务及针对无法获得金融服务或缺乏金融服务的消费者开展的信用评分。该指引应包括传统数据形式和创新性数据形式，如公用事业缴费、手机话费充值、数字钱包或电子账户使用及互联网社交平台或电子商务交易数据。

原则六：重视消费者数字技术基础知识和金融知识的普及

1. 明确因金融服务数字化和多元化所带来的金融素养方面的新要求（例如：小额信贷和小额保险能通过移动电话获取，使用创新数据源进行信用评分，以及将保险和信贷产品加以组合）。

2. 鼓励开发、评估实用度高、可得性强并着重于数字化的金融素养和金融意识项目，尤其是针对无法获得金融服务或缺乏金融服务的群体的项目，需要帮助消费者理解数字金融服务的特征、好处、风险和成本，以及保护个人账户和信息安全的必要性。此外，鼓励业界将这些项目的详情、结果及适用数据分享给监管者。

3. 利用新兴的高质量数字工具开发数字技术基础知识和金融知识普及项目，为消费者提供使用数字金融服务所需的知识，使消费者能够理解数字金融服务并对其产生信心。例如：在消费者需要做决定或需要向消费者提示其储蓄目标时及时发送的短信问题和信息；线上工具（如帮助家长教育孩子理财的各类游戏）；监测收入和花销的数字工具包；小企业在线财务管理项目以及互动教育项目。在"可教育时刻"，进行金融知识普及的有效性更高。如消费者在开始新工作、退休或孩子出生等人生重大时刻，往往需要做出具有重大财务影响的决策，此时进行金融知识普及，消费者特别易于接收信息和建议。

4. 促使小企业充分意识到通过数字方式进行支付和转账的好处以及当前可获得的数字金融服务的特性。

5. 推进由雇主和服务提供商赞助的公正的数字金融能力评估。该评估针对当前无法获得金融服务或缺乏金融服务的群体。随着数字化的推进，这些群体可能成为金融服务的首次使用者。

6. 鼓励通过支持开发相关工具（如价格比对网站），使消费者能够对比相似的数字金融产品和服务，从而做出明智选择。

高级原则讨论过程中，代表们担心数字环境下，由于"数字鸿沟"的存在，可能会使弱势群体获得的金融服务与高收入群体的差距反而扩大。

原则七：促进数字金融服务的客户身份识别

"高级原则"共 8 条，身份识别独立为一条，足显其重要性。技术小组在华盛顿讨论时取得的一致是，数字身份证和数字身份识别是数字金融服务的起点，不论"高级原则"最终确定为几条，数字身份识别必须是独立的一条。

1. 确保出生登记以及其他基础身份系统的普适性和可负担性。同时，对禁止或阻碍金融服务不足群体（如已婚妇女）进行数字身份识别登记的法律法规进行修订。

2. 确保政府身份数据库（如出生登记和税务登记号码）在经过客户同意的前提下（如果数据保护法有相关要求），能够被政府其他部门合理、安全地访问。

3. 在必要且可行的情形下，建立一个互通的、技术中性的国家数据库系统，与相关民事登记和身份系统关联，并在经客户同意的前提下向被授权方开放，被授权方（如金融服务提供商）可以合理、安全地进行访问。

4. 必要时，开发和推进新的身份登记和验证方式（如数字生物身份识别产品和在线身份验证服务），尤其针对那些目前还无法通过任何方式进行身份识别的人。同时，设立可被接受的开放性标准，以管理身份、交易和账户风险。

5. 执行基于风险的客户身份识别和验证要求，促进低风险数字金融服务的获取以实现普惠金融目标。例如：通过客户尽职调查分层框架，授权从一个或多个状态验证源进行身份识别；同时，清楚地说明可以用于身份验证的数据来源，并满足反洗钱金融行动特别工作组（FATF）对"可靠、独立的源文件、数据或信息"的相关要求。

6. 构建保护身份数据隐私和安全的法律框架，明确只有在知情同意的前提下才能使用、披露该数据。同时，建立稳定的追索机制，使个体在知情权等权利或隐私被侵犯时能够获得救济。

7. 加强与非政府利益相关者，如人道主义机构和其他相关非政府组织的合作，推进针对被金融排斥群体的身份识别项目及有关普惠金融和其他目标的身份识别项目。

8. 针对公共机构和私人机构在身份管理中担任的角色和承担的责任，建立明确的问责机制并保障其透明度。

9. 鼓励开发安全可靠的数字签名系统，它有利于推进身份验证，尤其是针对缺乏金融服务的群体的身份验证。

原则八：监测数字普惠金融发展进程

1. 与关键利益相关者（包括私营部门）进行磋商，设立国家核心绩效指标，并在适当情况下设立获取、使用数字金融产品和服务的目标。

2. 建立健全普惠金融数据采集系统，以覆盖新的数字金融提供商和产品。例如，可以使用个人和公司金融服务需求方调查、金融服务供应方报告（如通过非现场监管报告模板）及新的数字化数据源。

3. 与数字金融服务提供商通力合作，使数据采集系统适于提供按人口统计主要标准进行分解的数据，如按性别、收入、年龄和地域进行分类。

4. 在收集数字金融服务提供商数据的各监管当局之间建立谅解备忘录，以确保高效、开放的信息交换。

5. 建立在线数据门户和（或）发布定期报告，提供有关获取和使用数字金融服务的公开数据，以及进一步向国际机构提供有关获取和使用数字金融服务的报告,在合理可行范围内监测普惠金融数据。

6. 资助有关数字普惠金融的核心项目和改革,并鼓励对其影响力进行评估。

7. 监测本原则各方面的实施进展情况。

附录2：G20普惠金融指标体系

大类	细类	指标	指标和数据来源
金融服务使用情况	享有银行服务的成年人	在正规金融机构持有账户的成年人比例	世界银行全球普惠金融数据库
		每千成年人的存款人数或存款账户数	国际货币基金组织金融服务可得性调查
	在正规金融机构发生信贷的成年人	在正规金融机构有未偿贷款的成年人比例	世界银行全球普惠金融数据库
		每千成年人借款人数或未偿贷款笔数	国际货币基金组织金融服务可得性调查
	购买保险的成年人	每千成年人中保单持有人数	国际货币基金组织金融服务可得性调查
	非现金交易	人均非现金零售交易笔数	世界银行全球支付系统调查
	使用移动设备进行交易	使用移动设备支付的成年人比例	世界银行全球普惠金融数据库
	高频率使用账户	高频率使用银行账户的成年人比例	世界银行全球普惠金融数据库
	储蓄倾向	过去一年内在金融机构存款	世界银行全球普惠金融数据库
	汇款	收到国内外汇款的成年人比例	盖洛普全球调查
	享有银行服务的企业	在银行持有账户的中小企业比例	世界银行企业调查
		中小企业的存款账户数量和占比	国际货币基金组织金融服务可得性调查
	在正规金融机构有未偿贷款或授信额度的企业	有未偿贷款或授信额度的中小企业比例	世界银行企业调查
		中小企业未偿贷款笔数和占比	国际货币基金组织金融服务可得性调查

续表

大类	细类	指标	指标和数据来源
金融服务可获得性	服务网点	每十万成年人拥有的商业银行分支机构数	国际货币基金组织金融服务可得性调查
		每十万居民或每千平方公里ATM数	国际货币基金组织金融服务可得性调查
		每十万居民拥有的POS终端数	世界银行全球支付系统调查
	电子资金账户	用于移动支付的电子资金账户数	世界银行全球支付系统调查
	服务网点的互通性	ATM机具:ATM网络是否关联	世界银行全球支付系统调查
		POS终端:POS终端是否关联	世界银行全球支付系统调查
金融产品与服务的质量	金融知识	对于基本金融概念的掌握程度	世界银行金融能力调查、经合组织国家金融知识教育调查
	金融行为	紧急融资来源	世界银行全球普惠金融数据库
	信息披露要求	披露指数(语言简明易懂、使用当地语言、明确贷款手续等要求)	世界银行全球普惠金融责任调查
	纠纷解决机制	反映内部和外部纠纷解决机制指数	世界银行全球普惠金融责任调查
	使用成本	开立基本活期账户的平均成本	世界银行全球支付系统调查
		持有银行活期账户的平均成本(年费)	世界银行全球支付系统调查
		信用转账的平均成本	
	贷款障碍	上一笔贷款需提供抵押品的中小企业比例	世界银行企业调查、经合组织中小企业计分板
		信贷市场中的信息障碍	世界银行经商调查

附录3：世界银行扶贫协商小组小额信贷基本原则

世界银行扶贫协商小组（CGAP）认为，小额信贷的基本原则包括以下方面：

1. 穷人需要多样化的金融服务，不仅仅是贷款，还包括储蓄、保险和资金结算等。

2. 小额信贷是与贫困斗争的有力工具。

3. 小额信贷意味着要建设为穷人服务的金融体系。

4. 小额信贷能够实现自负盈亏，如果它的目标是服务于非常大规模的穷人，它也必须这样做，也就是说，它的服务收费应足以覆盖其运营的一切成本。

5. 小额信贷的目标在于建立持久的地方金融机构。

6. 小额信贷并不是万能的，对于那些没有收入或还贷手段的赤贫者，其他形式的扶持可能更有效。

7. 利率封顶的限制政策，由于使穷人难以得到贷款而伤害了他们；小额信贷的成本高于大额贷款，利率封顶使小额信贷机构难以覆盖其运营成本，因此不利于对穷人贷款的供给。

8. 政府的职责应是使金融服务有效，而不是自己去提供金融服务，政府自己几乎不可能良好地运作贷款业务，但它能营造良好的政策支持环境。

9. 捐助者的资金与私营资本应是互补而不是竞争的关系，捐助者的补贴应设计为一定时期的支持，尤其是在机构启动时提供支持，以使它顺利吸引私人资金的投入。

10. 小额信贷发展的主要瓶颈是缺少强有力的机构和经营管理团队，捐助者的支持应集中在能力培训和提升上。

11. 小额信贷的成长有赖于小额信贷机构自己关注、测定、提高和披露其运作业绩，小额信贷机构的经营和财务报表不仅能帮助各有关方判断该机构的成本和效益，而且也有助于其改进运作水平。小额信贷机构需要内容准确和可比较的财务运营报告，如还贷和自负盈亏情况，也需要社会发展状况指标，如服务客户的数量和客户的贫困状况。

以上这些看法，实际上也是普惠金融体系所要遵循的原则。